Serie Oratoria Eficaz

Cómo Hablar en Público Sin Temor

Estrategias prácticas para crear un discurso claro y efectivo

Valentín Ortega

Copyright © 2015 Valentín Ortega

Copyright © 2015 Editorial Imagen.
Córdoba, Argentina

Editorialimagen.com
All rights reserved.

Todos los derechos reservados. Ninguna parte de este libro puede ser reproducida por cualquier medio sin el permiso escrito del autor, a excepción de porciones breves citadas con fines de revisión.

Toda la información en este libro ha sido cuidadosamente estudiada y verificada para comprobar la exactitud de los hechos. Sin embargo, el autor y el editor no ofrecen ninguna garantía, expresa o implícita, que la información contenida en este documento es apropiada para cada persona, situación o propósito, y no asume responsabilidad alguna por errores u omisiones. El lector asume la responsabilidad plena de riesgos y de todas las acciones, y el autor no se hace responsable por cualquier pérdida o daño, consecuentes, incidentales, especiales o de otro tipo que puedan derivarse de la información presentada en esta publicación.

Me he basado en mi propia experiencia, así como diversas fuentes para este libro, y he hecho mi mejor esfuerzo para comprobar los hechos y dar crédito donde es debido. En el caso de que cualquier material es incorrecto o se ha utilizado sin la autorización correspondiente, por favor póngase en contacto conmigo para que pueda corregirla.

CATEGORÍA: Superación Personal, Autoayuda

Impreso en los Estados Unidos de América

ISBN-13:
ISBN-10:

ÍNDICE

INTRODUCCIÓN 1

CAPÍTULO 1: CÓMO DERROTAR LA ANSIEDAD PARA HABLAR EN PÚBLICO 7

    Rompiendo mitos y creencias falsas 14
    Algunos factores que pueden generar ansiedad 24
    Algunas Estrategias Para Controlar El Estrés 26

CAPÍTULO 2: ESTRATEGIAS QUE PUEDES USAR PARA CREAR UN DISCURSO EFECTIVO Y PODEROSO EN 30 MINUTOS O MENOS 37

    1. Identifica tu objetivo 38
    2. Prepara tu discurso 41
    3. Prepara tus ayudas visuales 46
    4. Realiza una presentación de prueba 51

CAPÍTULO 3: LO QUE SUCEDE EN NUESTROS CEREBROS AL HABLAR EN PÚBLICO 55

    Cómo aprendí a curar el pánico escénico: una guía de 4 pasos 60

CAPÍTULO 4: PREPARA TU PRESENTACIÓN, PERSONALÍZALA Y HAZLA EXTRAORDINARIA 67

    1. Elimina el pánico escénico y aumenta tu auto confianza 67
    2. Incorpora tu personalidad a la presentación 74
    3. Elementos adicionales que necesitas para transmitir un mensaje de alto impacto 77
    Consejos prácticos en cuanto a la voz 79
    Consejos prácticos en cuanto al lenguaje corporal 83

CAPÍTULO 5: MANERAS PARA AYUDARTE A LIDIAR

CON UNA AUDIENCIA QUE NO CONOCES Y CÓMO CONECTARTE CON ELLA 87
   1. Estudia a la audiencia 88
   2. La tan importante sesión de preguntas y respuestas 90
   3. Mantén interesada a la audiencia 92
   4. Cómo persuadir y captar la atención de tu público 96
   5. Cosas que tienes que preparar antes de tu presentación 99

CONCLUSIÓN 105

LIBRO GRATIS 107

MÁS LIBROS DE INTERÉS 111

"A veces hablamos mucho y decimos poco. Para expresar más, conviene pensar más."

Honoré de Balzac

Introducción

Hoy en día es vital dominar el arte de hablar bien en público. Esto es así debido a que la comunicación se ha vuelto un elemento primordial en la época que nos ha tocado vivir. Comunicarse, y hacerlo efectivamente, se ha vuelto trascendental para poder estar al día de los rápidos y vertiginosos cambios que está experimentando la humanidad.

El hablar bien en público no es nada más que una necesidad para alcanzar los objetivos impuestos por la sociedad, sino que con la diversidad de opiniones y creencias en la actualidad, frecuentemente controvertidas, se ha elevado la necesidad de hablar bien y expresarse con claridad en público. Toda persona que quiera ser exitosa en su rubro necesita expresar sus puntos de vista muy claramente para poder así influir a la sociedad del siglo XXI.

Justamente la influencia del hablar bien en público es muy amplia, afectando casi todos los aspectos de nuestra vida, principalmente nuestra forma de pensar y actuar. Si miramos con detenimiento, todos los días hablamos en público en procedimientos judiciales, en negocios cotidianos, en el congreso de la nación, en encuentros sociales o incluso en cualquier sala educativa.

Si bien es cierto que practicamos el hablar en público en numerosas ocasiones y en diversos lugares, a veces puede convertirse en un auténtico desafío, no sólo para personas que no lo practican con frecuencia, sino también para las personas de alto nivel, como pueden ser médicos, académicos, políticos, empresarios y artistas.

Por eso, al momento de enfrentar una audiencia, es posible que se planteen muchas dudas y temores. Este tipo de sentimientos son muy a menudo acompañados por tartamudeo, manos sudorosas, lagunas mentales y lenguas trabadas que dicen cualquier otra cosa menos lo que teníamos pensado decir. Todo esto afecta de manera considerable la recepción del mensaje por parte de la audiencia.

Si estás leyendo este libro es porque probablemente ya te encuentras buscando información sobre este tema.

Seguramente ya estás en conocimiento de lo que significa realizar un discurso y posiblemente necesitas valiosos consejos para poder afrontarlo.

Tal vez ya te diste cuenta del poderoso vínculo existente entre el éxito y el hablar con efectividad y por eso estás buscando una manera profunda y eficiente de sacarle partido a esta extraordinaria habilidad.

Por las razones antes mencionadas es que he escrito este libro, para ayudarte a lograr todas tus metas.

Soy realista y sé que hay miles de libros exclusivamente dedicados a la cuestión de hablar en público. Sin embargo, he notado que pocos realmente brindan una ayuda práctica en cuanto al tema.

Como ya mencioné anteriormente, existen muchas personas en todos los ámbitos de la sociedad que necesitan hablar bien en público para desenvolverse con naturalidad y confianza en dicho proceso, pero lamentablemente no cuentan con suficiente tiempo para hacerlo. Mi propósito con esta obra es ayudarte a preparar tu discurso como un verdadero profesional, con el fin de que puedas mejorar en cada exposición y así vencer ese temor interno que aparece cada vez que enfrentas a tu audiencia.

Explicaré también los términos técnicos, como así también el vocabulario eficaz para hablar bien en público de una manera poderosa y efectiva, con el fin de ayudarte a crecer como orador.

Mi único objetivo es ayudar a las personas como tú a organizar y transmitir un discurso de calidad que mantenga prendida a la audiencia con el máximo interés posible. Es decir, nuestro objetivo siempre será un discurso claro, interesante y convincente.

Además de esto, al final encontrarás un link para descargar un libro complementario titulado "Selección de Discursos Históricos: El poder de la oratoria eficaz." Esta obra contiene algunos discursos que han hecho historia, los cuales espero que te sean de ánimo e inspiración a la hora de preparar tu propia exposición.

Con el pasar de los años muchas personas se me han acercado y han compartido sus dudas y preguntas conmigo. También responderé esas cuestiones y temores de los oradores casuales, aquellos que deben hablar en un evento empresarial, en alguna boda o simplemente en una reunión familiar.

Aristóteles, el gran filósofo griego, dijo en cierta ocasión que un buen orador necesita tres cualidades: buen carácter, sensatez y buena voluntad para con sus oyentes. Por eso entiendo que parte de ser un buen orador incluye también el desarrollarse como persona.

Por último, me gustaría recordarte que no importa si el discurso es largo o corto, las reglas serán siempre las mismas y se fundamentan en tan sólo tres disciplinas:

preparación, preparación y preparación. Es el hábito de la preparación del discurso lo que hace y diferencia a los buenos oradores. Cuando un discurso ha sido exitoso, muchos críticos y periodistas hablarán siempre de "inspiración", sin embargo el éxito está basado casi siempre en la preparación.

CAPÍTULO 1:
Cómo derrotar la ansiedad para hablar en público

"Si puedes hablar lo suficientemente brillante sobre un tema, darás la impresión de que lo dominas." Stanley Kubrick

Ya sea que escuchemos grandes discursos o que veamos algún conocido hablando con gran elocuencia, pareciera que algunas personas han nacido para ser oradores. Pero la realidad indica que la mayoría no lo son por naturaleza. Por esa razón es que no estás solo si has pensado en enfrentarte a una gran audiencia o presentar alguna vez un discurso significativo. Recuerda que ese miedo inhibitorio (o pánico escénico, como se le conoce comúnmente) es prácticamente inevitable a la hora de comunicarse ya sea frente a una multitud o ante unas cuantas personas. Hasta los actores más renombrados siempre cuentan con un cierto nivel de ansiedad antes de cada acto.

Tal vez hayas pensado en algún momento de tu vida que tu carrera no implica para nada el hablar bien en público. Pero te aseguro una cosa: a estas alturas ya te habrás dado cuenta de que eso es un error. Como vimos anteriormente, no importa cuál sea tu profesión, siempre existirá el momento en el cual necesitarás hablar bien en público y comunicar elocuentemente tu mensaje.

En este capítulo me ocuparé, a modo de introducción, de la importancia que tiene el hablar bien en público, tanto en nuestra vida cotidiana como en los negocios; y también echaremos un vistazo a algunos pormenores del proceso activo de la comunicación.

Consideremos las ventajas que el ser un buen orador puede traer a tu vida.

Dominar eficazmente el arte de hablar en público puede nada más y nada menos que abrirte todo un mundo de oportunidades. Te ayudará a conquistar nuevas fronteras. Ampliarás tus horizontes, llegarás a muchas personas y producirás más y mejor en tu negocio.

Hablar bien en público incrementa tu desarrollo personal.

En la jerarquía de las necesidades humanas, más conocido como la "pirámide de las necesidades" de Abraham Maslow, el famoso psicólogo estadounidense, la autorrealización personal ocupa el lugar más elevado de ese modelo. Realizar disertaciones exitosas ayuda al orador a que pueda aumentar su autoestima mediante la satisfacción personal experimentada en la oratoria. De esta manera el orador se robustece en cada discurso y se vuelve más seguro de sí mismo, su confianza es afirmada y su personalidad es fortalecida cuando el público responde de forma positiva.

La ansiedad y el estrés se reducen cuando alguna autoridad en la materia te cita para disertar ante un determinado número de personas.

Conozco la historia de un estudiante de ciencias médicas que no puedo aprobar cierta materia, muy importante para poder finalizar su carrera. Para aprobar la misma debía presentar su trabajo oralmente frente a todos sus compañeros. Intentó cinco veces pero sin éxito alguno debido a su aversión a platicar delante de la clase completa. Un amigo le pasó el dato de una persona que daba cursos de autoayuda, y luego de un corto tiempo logró aumentar su autoestima. Decidió entonces dar una charla en público y fue todo un éxito. No sólo aprobó esa materia que le permitió recibirse con honores, sino que de hecho llegó a disfrutar tanto la experiencia que comenzó a ofrecerse como conferencista en varios ámbitos de su colegio.

Por medio de las diferentes herramientas para hablar bien en público como lo son la investigación, la conceptualización y la organización, tienes una manera no sólo sistemática sino también efectiva de presentar tus ideas. Desarrollando estas técnicas estarás completamente capacitado para expresarte mejor. Las veremos con detenimiento y más detalle a lo largo de este libro.

Te vuelves más abierto para con las demás personas.

Hablar bien en público cultiva un sistema de retroalimentación: con cada discurso que das aumenta tu autoestima y tu sentido de logro personal. Este aumento de autoestima te favorecerá sobremanera en tu siguiente discurso.

Cuando te conviertes en una persona que sabe dominar las técnicas para disertar eficazmente generando aceptación, son ilimitados los caminos que se te abren. No sólo eres tú quien se beneficia de tu técnica de comunicación, sino que toda la sociedad lo hace.

A pesar de sus falencias, la mayoría de los gobiernos actuales escuchan la voz de sus ciudadanos con esta capacidad, pues se convierten en portavoces de aquellos grupos que integran y luego pasan a representarles.

Veamos un ejemplo claro de esto como lo es la característica reunión vecinal que tiene cada comunidad. Generalmente, cuando en algún edificio o barrio se reúnen las personas encargadas de la administración del mismo, se discuten diferentes cuestiones y se toman decisiones al respecto. En ese lugar se expresan las más variadas y encontradas opiniones.

Lo que esto nos muestra es que gente de todas las clases sociales tienen que hablar en público en algún momento, ya sea en eventos formales o no tanto. Desde niños lo hacemos: recitamos en la escuela o cuando damos alguna lección oralmente. También debemos disertar en reuniones laborales, o si somos trabajadores debemos expresar nuestros reclamos laborales a viva voz. Seamos vendedores en el mercado o presidentes de grandes compañías, en realidad pocos podemos escapar a la gran necesidad de hablar bien en público.

El hablar bien en público puede ayudarte no sólo en tu carrera profesional, sino también en toda tu economía personal. La mayoría de las personas mide el éxito cuando recibe respuestas a preguntas tales como "¿Cuánto tiempo has estado trabajando?" o, "¿Has finalizado tu carrera profesional?" Sin embargo, muchos investigadores han manifestado y dicen unánimemente que el mejor indicador del éxito en cualquier profesión para una persona es si ésta es requerida cada vez que se necesita una eminencia en la materia para dar una conferencia. Como dice el dicho: "No es cuánto conoces, sino a quién".

Las personas que dan conferencias suelen ser siempre aquellos con los mejores sueldos.

Tomemos el ejemplo de un ingeniero industrial que simplemente ocupa un puesto en la nómina de alguna fábrica de su comunidad. Un buen día decide inscribirse en un curso para mejorar sus habilidades comunicativas, pues desea hablar bien en público. Asiste cuatro veces al mes, cuatro horas a la semana durante unas seis semanas. Luego de aproximadamente dos meses y después de haber dado algunas exposiciones muy convincentes, es promovido a ingeniero jefe. Los dirigentes de la compañía necesitaban alguien que pudiera transmitir la visión de la empresa con claridad y que surgiera desde el grupo de trabajo dentro de la compañía. Saber transmitir eficazmente la información es a veces tan importante como poseerla. El enunciar eficientemente la visión y misión de una empresa es un factor clave para el crecimiento y popularidad de la misma.

Cuanto más tiempo trabajes para una compañía u organización y cuanto más alto subas en la jerarquía laboral, las probabilidades de que tu jefe te solicite que dirijas charlas a sus subordinados serán también mayores. Cuanto más elevada sea tu posición laboral, mayores serán tus responsabilidades en la gestión de las personas que se encuentran por debajo de ti. Y mientras más alto estés, necesitarás mayor eficacia en tu comunicación para con ellos.

Desde el director de la compañía hasta el subgerente más desconocido, todos en algún momento dado, necesitarán brindar un poderoso y convincente discurso.

Pensamos que los grandes y elocuentes discursos deben venir de reconocidos ejecutivos trabajando para famosas corporaciones tales como IBM, Microsoft o General Motors, pero la verdad es que las pequeñas y medianas empresas también necesitan cierto número de trabajadores con capacidad para la oratoria. Y recuerda siempre: aquellos que desarrollen esta habilidad siempre serán los que tengan más opciones de ascender en la empresa.

Hay muchísimos ejemplos de la vida cotidiana. Mira por ejemplo el entrenador deportivo de alguna escuela reconocida en su comunidad. Si esta persona no tiene el valor suficiente y las palabras adecuadas para asegurarle a la junta escolar que el equipo necesita nuevos equipos para el gimnasio, los atletas de esa escuela tendrán que conformarse con los mismos aparatos que han estado usando desde hace años.

Si los vendedores ambulantes no pudieran explicar los grandes beneficios de sus variados productos con argumentos convincentes, entonces nadie compraría sus productos. Ejemplos tan simples son válidos también para arquitectos, enfermeras, ingenieros, médicos, bomberos, y todo el resto de las profesiones.

No hace falta seguir hablando para llegar a la siguiente conclusión: No importa el camino que tomes, en algún momento de tu vida necesitarás hablar en público para avanzar y lograr las metas que te has propuesto. Es tu decisión, pero cuando llegue ese momento puedes estar preparado, o simplemente no estarlo.

Rompiendo mitos y creencias falsas

Comencemos entonces a considerar algunas cosas fundamentales. Estoy seguro de que te beneficiarás en gran manera desde la preparación misma de tu disertación si logras liberarte de dos mitos elementales. El primer gran mito es aquel que dice que "los oradores eficaces nacen, no se hacen, por lo tanto es inútil intentar ser un buen disertante si no se nació con ese don."

El segundo gran mito que deberías tener presente es

aquel que dice lo siguiente: "Para la gran mayoría de la gente, tanto el miedo como el nerviosismo son imposibles de superar, así que es inútil intentarlo."

Miremos un poco más detenidamente cada una de estas falsas suposiciones.

Primero, ¿El orador eficaz nace o se hace? Si de verdad estuvieras de acuerdo con esta afirmación entonces no habrías adquirido este libro ni mucho menos lo estarías leyendo. Todos los seres humanos venimos a este mundo como bebés, y es sabido por todos que los bebés no saben hablar. Creo que la creencia del "orador innato" más que un simple mito es a veces la excusa perfecta para no esforzarse por intentar serlo.

Este mito es frecuentemente utilizado por aquellos que simplemente le tienen miedo a un posible ridículo, de esta manera no desean arriesgarse al intentarlo. Todos sabemos que la práctica hace al maestro y que un orador es aquel que se comunica con los demás por una razón específica. Cuando el niño de dos o tres años dice "Mamá, quiero agua" por primera vez, ya está practicando un discurso.

La pura verdad es que ya has estado haciendo discursos desde el mismo momento en que comenzaste a hablar, solo que la diferencia es que no se lo considera como tal sino hasta que oficialmente se lo llama "discurso", una palabra muy "temida" por algunos.

Recuerda que siempre podrás llegar a ser un orador excelente y eficaz si tan solo posees estas cuatro herramientas básicas:

1. Una voz
2. Conocimientos elementales del lenguaje
3. Algo que decir
4. La necesidad de expresar tus ideas a los demás

Como ya lo he mencionado anteriormente, ya has estado utilizando estas herramientas desde pequeño. Desde hace muchos años, varias veces todos los días, has estado comunicándote con los demás, solo que en esas circunstancias lo llamamos "conversación". La conversación es simple y llanamente hablar con algunas personas. El discurso público es también hablar, pero esta vez con un grupo más grande.

Siempre ten presente que tu audiencia no es más que un grupo de personas. Sé que puedes hablar con una o dos personas muy fácilmente, así que cuando te toque hablar en público, piensa que es similar, solo que esta vez estás dirigiéndose a un grupo un poco más amplio.

En cuanto al segundo mito, ese que dice que "la ansiedad, el temor y el nerviosismo son imposibles de superar", voy a considerar varios aspectos prácticos.

Quiero que tengas algo muy presente, y lo mencioné antes en la introducción: No importa cuánta aquel que dice lo siguiente: "Para la gran mayoría de la gente, tanto el miedo como el nerviosismo son imposibles de superar, así que es inútil intentarlo."

Miremos un poco más detenidamente cada una de estas falsas suposiciones.

Primero, ¿El orador eficaz nace o se hace? Si de verdad estuvieras de acuerdo con esta afirmación entonces no habrías adquirido este libro ni mucho menos lo estarías leyendo. Todos los seres humanos venimos a este mundo como bebés, y es sabido por todos que los bebés no saben hablar. Creo que la creencia del "orador innato" más que un simple mito es a veces la excusa perfecta para no esforzarse por intentar serlo.

Este mito es frecuentemente utilizado por aquellos que simplemente le tienen miedo a un posible ridículo, de esta manera no desean arriesgarse al intentarlo. Todos sabemos que la práctica hace al maestro y que un orador es aquel que se comunica con los demás por una razón específica. Cuando el niño de dos o tres años dice "Mamá, quiero agua" por primera vez, ya está practicando un discurso.

La pura verdad es que ya has estado haciendo discursos desde el mismo momento en que comenzaste a hablar, solo que la diferencia es que no se lo considera como tal sino hasta que oficialmente se lo llama "discurso", una palabra muy "temida" por algunos.

Recuerda que siempre podrás llegar a ser un orador excelente y eficaz si tan solo posees estas cuatro herramientas básicas:

1. Una voz
2. Conocimientos elementales del lenguaje
3. Algo que decir
4. La necesidad de expresar tus ideas a los demás

Como ya lo he mencionado anteriormente, ya has estado utilizando estas herramientas desde pequeño. Desde hace muchos años, varias veces todos los días, has estado comunicándote con los demás, solo que en esas circunstancias lo llamamos "conversación". La conversación es simple y llanamente hablar con algunas personas. El discurso público es también hablar, pero esta vez con un grupo más grande.

Siempre ten presente que tu audiencia no es más que un grupo de personas. Sé que puedes hablar con una o dos personas muy fácilmente, así que cuando te toque hablar en público, piensa que es similar, solo que esta vez estás dirigiéndose a un grupo un poco más amplio.

En cuanto al segundo mito, ese que dice que "la ansiedad, el temor y el nerviosismo son imposibles de superar", voy a considerar varios aspectos prácticos.

Quiero que tengas algo muy presente, y lo mencioné antes en la introducción: No importa cuánta experiencia puedas tener cuando se trata de hablar en público, esa intranquilidad y ansiedad que sientes es algo que pocas veces podrás evitar. Es muy común (y normal) experimentar ansiedad, especialmente los días previos a la disertación. Sé muy bien, y te lo digo por experiencia, que los días previos y horas antes del discurso se agolpan en nuestra mente preguntas que nos sacuden y hacen que nuestros estómagos se acordonen: ¿Cautivaré al público? ¿Y si mi mente se queda en blanco cuando empiece a hablar? ¿Me habré preparado lo suficiente?

La cantante independiente Jenn Grant es conocida tanto por su agradable forma de ser en el escenario como por su voz sublime, pero de adolescente estuvo tan paralizada por el miedo escénico que postergó el inicio de su carrera durante años. Actualmente de gira presentando su más reciente álbum, Grant habla sobre su larga lucha contra el pánico escénico:

"Era algo que se desarrolló. Nunca se me pasó por la mente que la gente realmente quería oírme cantar. Una vez escribí una canción para mi primo que había muerto unos días después de su nacimiento. Cuando canté esa canción en la escuela secundaria, todos los allí presentes me dieron una ovación de pie. Todo el mundo estaba hablando de mí al día siguiente y todos me felicitaban. La gente quería que yo cantara, y por alguna razón eso me asustó muchísimo. Hasta ese momento yo también había estado cantando en las noches de viernes en un café cercano a mi casa, pero dejé de hacerlo por completo.

Yo había estado deseando volver a cantar para la gente durante años después de eso, pero no era capaz de hacerlo con éxito. Lo intenté de nuevo cuando tenía 18 o 19 años, y estaba disfrutando mucho de la práctica. No me sentía muy nerviosa, y me estaba emocionado porque pensé que sería capaz de hacer esto. Pero cuando una noche llegué allí delante de todos mis compañeros, el miedo escénico se intensificó. Recuerdo que tenía mi guitarra color azul que mi padre me había regalado para mi cumpleaños número 16, pero cuando llegué allí no pude conseguir que mis dedos dejaran de temblar en las cuerdas. Era como si un pequeño terremoto surgiera dentro mío. Y lo mismo le pasaba a mi voz. Todo se sacudía y temblaba. Empecé a tocar la canción, pero con la cabeza hacia abajo y mi voz cada vez más y más silenciosa, hasta que de pronto me quedé sin aliento. Rápidamente me bajé del escenario. Estuve muy molesta conmigo misma durante el resto del día, y eso duró hasta unos cuantos meses después. No puedo pensar en nada más molesto durante esos años.

A la edad de 23 años llegué a casa luego de un concierto de Tegan and Sara en el Marquee de Halifax. Me angustié mucho durante ese show porque sentía como si estuviera viendo mi destino pasar de largo. Eso fue suficiente para que haga algo al respecto. Sin pensarlo demasiado, me convoqué a mí misma en una pequeña cafetería llamada Salvación, en Halifax, para el 30 de enero del 2005. Nunca olvidaré ese primer momento. Le había pedido a mis primos que me ayudaran, lo cual fue suficiente para que de repente me sintiera yo misma en el escenario: muy cómoda y a gusto. Fue todo muy espontáneo y casual. Nunca miré hacia atrás después de ese día. Empecé a jugar con mis primos por el resto de ese año alrededor de Halifax, hasta que empecé mi proyecto en solitario y ahora tengo una banda que me acompaña.

Ya no hablo del miedo escénico a menos que la gente me lo pregunte, y los músicos nunca me preguntan. Antes me sentía mal de que no empecé mi carrera hasta mis 20 años, pero ya no me siento así. Creo que no ser capaz de cantar durante una década debido a los nervios significa que ahora nunca voy a dar por sentado lo afortunada que soy el día de hoy."

En el mundo del deporte también se conoce el pánico escénico, en especial asociado a los partidos de fútbol que el equipo español del Real Madrid ha disputado y ganado en su propio campo. Jorge Valdano, un ex jugador argentino de fútbol, campeón mundial en 1986 con su selección nacional, entrenador, y ex director general del Real Madrid hizo popular este término y explica su significado:

"El miedo escénico es el miedo que le tenemos a la audiencia. Este concepto fue extraído de un artículo que García Márquez escribió en el periódico El País y hablaba del terror que sentía cuando enfrentaba a un público para dar un discurso. No le importaba que tuviera que leer el discurso, él decía que igualmente sentía un miedo imbatible. Aquello coincidió con una conversación que yo tuve con Antoñete (famoso matador de toros español) y donde le pregunté si le daba mucho miedo enfrentarse con el toro. Para mi sorpresa, él me dijo: "a mí no me da miedo el toro, a mí me da miedo el público."

Todo aquello me quedó flotando en la cabeza y finalmente lo apliqué al fútbol y al Real Madrid. En un momento histórico y muy particular del club, cuando completábamos resultados ridículos en condición de visitante, estábamos obligados a resultados escandalosos en condición de local. Entre los años 1984 al 1988, y por la copa UEFA, perdíamos 3 a 0 con el Anderlecht o 5 a 1 contra el Borussia, de manera que en el partido de vuelta había que ganar por cuatro o cinco goles.

Increíblemente el público tenía una fe enorme puesta en el equipo, porque debíamos conseguir resultados totalmente anormales. Esto generaba una presión muy, pero muy fuerte sobre el partido que a los jugadores del Real Madrid nos euforizaba y a los jugadores del equipo contrario los acobardaba. Fue durante esos partidos que un periodista me preguntó cómo podía ser que equipos tan grandes como el Inter, el Borussia y el Anderlecht terminaran tan entregados en esos partidos decisivos. Le dije que una de las razones seguramente era por el miedo escénico que sufrían los jugadores. De alguna forma pretendía hacerle un homenaje a nuestro público que alentaba por nosotros de una manera muy apasionada.

En ese entonces recuerdo que nosotros calentábamos en el vestuario, ni siquiera calentábamos dentro de la cancha porque la salida al campo ya era una explosión. Los rivales ya empezaban a mirar todo eso con un poco de desconfianza, y de eso se trataba. Por otra parte nosotros lo sabíamos, y de alguna manera utilizábamos el ambiente. Sabíamos que los tres primeros tiros a puerta los teníamos que hacer nosotros, como así también las tres primeras faltas. Había que provocar al público para que se metiera cien por ciento en el partido y eso no es fácil con el aficionado del Real Madrid que, en situaciones normales suele ser frío, pero cuando se mete en el partido juega una influencia muy seria.

En el mundo del fútbol la condición de local generalmente da una cierta ventaja tanto anímica como psicológica. El impulso de tu público te termina potenciando todas las virtudes. Ahora, dicho esto, hay que reconocer que existen muchos matices, la verdad es que uno a nadie le tiene más miedo que al propio público, porque si se te da vuelta, el que tiene que ser tu aliado finalmente se convierte en tu peor enemigo. Ahí el miedo escénico resulta hasta humillante.

Por octavos de la copa UEFA, en el año 1985, habíamos perdido el partido ante el Borussia por 5 a 1 en Alemania. Los medios de comunicación de aquel momento eran igual de agresivos a los que hay ahora y nos humillaron de gran manera. El recorrido de la espera los quince días siguientes realmente fue angustiante.

En el partido de vuelta, ya en nuestro estadio, metimos el cuarto gol, que significó el cuatro a cero, en el minuto 92 de partido y fue la única ocasión en mi vida que yo perdí la noción de dónde estaba. Es decir, me envolvió algo tan increíble que eso no lo viví otra vez y tuvo que ver con una especie de explosión en el campo cuando todos vimos que la pelota entró. Recuerdo que el gol lo metió Santillana.

Pero el público siempre es de temer, pues es implacable. Se hace *muchas ilusiones antes de un partido, pero luego exigen que esas ilusiones se cumplan, y no siempre resulta fácil. Lo infalible es la gimnasia. Hay que pasar por muchos miedos antes de vencerlos. Lo profesional es prepararlo mucho. Cuando uno más lo prepara, menos miedo tiene. Eso no falla.*

Sobretodo en el vestuario, en los momentos previos a salir al partido, existen jugadores que vomitan antes de empezar, y estoy hablando de aquellos que tienen fama de ser el macho ibérico. Sin embargo tienen ese miedo antes de desafiar al público. Por eso ahí es donde están todas las supersticiones y ritos previos al encuentro, los cuales son una especie de consuelo a su inseguridad. Es como un lugar donde refugiarse antes de salir a desafiar al público, y no es un miedo físico, porque cada partido implica el riesgo de salir lastimado, sino que es un miedo al público, a que algo te salga mal, a hacer el ridículo. Es, en definitiva, el miedo escénico."

Si la sola idea de presentarte ante cualquier público te pone nervioso, ¡no estás solo! Según varias encuestas, la mayoría de la gente suele tener más pánico a hablar en público que miedo a la misma muerte. Aquellas personas que experimentan un temor excesivo a la hora de hablar en público se encuentran en gran desventaja comparadas con la gente que tiene un mayor nivel de confianza en sí mismos.

Los individuos se expresan con total confianza son percibidos como más competentes. Este tipo de personas crea una impresión sobresaliente en entrevistas de trabajo y también cuentan con mucho más probabilidades de ser admitidos que la gente desconfiada.

La confianza es vital, pues genera una impresión positiva, en cambio la ansiedad crea todo lo contrario: una impresión negativa. Cuando hablas con los demás te comunicas usando tres comportamientos: el verbal, el visual y el vocal. Puede suceder que tu aporte verbal sea muy claro y que el mismo esté bien organizado, pero si te muestras ansioso, el público muy probablemente notará mucho más tus signos negativos. Si como vimos anteriormente tu aporte verbal es excelente pero fallas con los comportamientos vocales y visuales, como por ejemplo una mala postura, falta de contacto visual, vocalización tensa y una entrega a medias, el público no reaccionará del todo bien y tu mensaje se perderá.

Sucederá todo lo contrario si estás seguro de ti mismo y de tu discurso, pues las señales verbales, visuales y vocales formarán un conjunto que le transmitirá una mayor credibilidad a tu exposición.

Si deseas que la gente te crea cuando hablas, si quieres mejorar la impresión que das a la audiencia, entonces tienes que reforzar tu confianza. Necesitas atacar tu ansiedad con el fin de mostrarte más seguro y profesional en todos tus discursos.

Algunos factores que pueden generar ansiedad

Como ya lo establecimos, la ansiedad antes de presentar una disertación en público es algo frecuente y ha estado siempre presente, desde que el hombre comenzó a comunicarse. Si bien esto es algo real y muy común, algunos disertantes se sienten un poco nerviosos, pero otros saben cómo mantener la calma para estar relajados a la hora de pronunciar su discurso. Veremos a continuación que los componentes individuales que generan la ansiedad cuando se trata de hablar en público son muy diferentes de una persona a otra, pero los factores generales se pueden aplicar a todos nosotros.

El primer paso para enfrentar el problema de una manera práctica y efectiva es conocer las causas que produce la ansiedad cuando queremos hablar en público. Son muchos y variados los elementos generadores de ansiedad, los cuales suelen afectarnos a todos los disertantes por igual, pero los más destacados son los siguientes: la falta de autoconfianza, una mala preparación, un excesivo protagonismo, el temor a ser evaluados por los demás y la aprensión a la audiencia o el comúnmente llamado temor "al qué dirán."

Me gustaría en esta sección mencionar algunos conceptos erróneos que muchos poseen cuando se trata de la ansiedad al hablar en público. Esta experiencia no es agradable en absoluto, pero cuando alcancemos a comprender mejor la razón por la cual nuestros cuerpos responden como lo hacen, estaremos mucho más preparados para enfrentar todas nuestras ansiedades.

Notemos a continuación algunos conceptos erróneos que pueden tener algunos oradores y la forma más eficaz de contrarrestarlos:

"Todo el público notará que padezco ansiedad." La verdad es que salvo circunstancias muy excepcionales, pocos se darán cuenta. Por eso si en realidad padeces ansiedad, lo mejor será mantenerlo en secreto para ti mismo y comenzar a actuar con autoconfianza.

"La ansiedad aumentará a medida que avanzo en el discurso." La realidad es que eso depende única y exclusivamente del orador. Por lo general un orador bien preparado se relajará a medida que el discurso avanza.

"La ansiedad derribará el efecto positivo de mi discurso." Esto será así solo si el disertante lo permite, porque en realidad creo que es al contrario: si es identificada como tal, es posible contrarrestar la ansiedad y así mejorar la eficacia de un orador como resultado.

"El público es siempre hostil y demasiado crítico

con lo que digo." Otra suposición, pues la mayoría de los oyentes son por lo general educados, más cuando el orador está intentado dar lo mejor de sí en su discurso.

Algunas Estrategias Para Controlar El Estrés

Cada orador debería conocer a fondo las diferentes estrategias para dominar la ansiedad al hablar en público. Cada vez que des una conferencia o realices un discurso, debes aprender y tener presente aquellas tácticas que funcionan específicamente para ti. Veamos a continuación algunas estrategias que han sido eficaces para numerosos oradores, las cuales puedes ajustarlas a tu propia personalidad.

1. Prepárate bien y practica con antelación. No hay nada que pueda hacerte sentir más ansioso que el saber que no estás bien preparado para una disertación en público. Malos preparativos en la gestación de un discurso son una garantía para que algo salga mal.

Para prepararte adecuadamente, en primer lugar intenta conocer a los oyentes con anticipación. Prepara un bosquejo fácil de seguir. El uso de notas y esquemas es primordial en la preparación del discurso. Practica el discurso completo tres o más veces de principio a fin. Este paso es importante, ya que no alcanza con imaginarlo ni tampoco con pensar "más o menos" lo que vas a decir. Debes practicarlo varias veces con éxito antes de presentarlo al público.

Realiza uno o varios ensayos generales. Tanto como si vas a estar de pie durante tu discurso como si vas a utilizar ayudas visuales, practícalo. Durante estas pruebas calcula también el tiempo de duración de tu discurso para saber si debes alargarlo o acortarlo y en qué secciones debes hacerlo.

El saber que te presentas lo mejor preparado posible te ayudará a disminuir gran parte de tu ansiedad.

2. Realiza un buen calentamiento.

Los oradores no difieren de los cantantes cuando llega el momento de calentar la voz. Son como los pianistas que calientan sus dedos antes de su ejecución, o como los atletas, quienes acaloran sus músculos antes de una presentación deportiva. Previamente a dar un discurso, necesitarás calentar tu voz y relajar todos los músculos.

Hay varias técnicas de relajación que puedes encontrar en línea, pero algunas de ellas son las siguientes: Lee en voz alta algún artículo de un periódico o alguna página de un libro a medida que varías volumen, ritmo, tono y calidad. Puedes también realizar algunos ejercicios de estiramiento como tocarte los dedos de los pies y mover tu cabeza de lado a lado para relajar los músculos alrededor del cuello. Practica diferentes gestos como señalar, golpear tu puño o encogerte de hombros. Ejercita los músculos de la cara. Al igual que los músicos y los atletas, estos ejercicios de calentamiento te ayudarán a relajarte y te asegurarán estar preparado para una óptima presentación.

3. Aprende a respirar profundamente.

Una manera rápida de calmar tu ansiedad puede ser a través de la respiración profunda. Es muy sencillo, implica realizar una inspiración por la nariz manteniendo el aire durante unos cinco segundos, para luego exhalarlo lentamente por la boca. Al expulsar el aire permite que la presión y el nerviosismo que has sentido drenen gradualmente por tus brazos hasta fuera de tus manos. Visualiza el estrés y toda esa ansiedad saliendo desde la parte inferior de tu cuerpo, desde las piernas hasta los dedos de tus pies. Repite este procedimiento una segunda y hasta una tercera vez si lo consideras necesario.

4. Relaja tus músculos.

La ansiedad se muestra muy frecuentemente como tensión muscular. Este tipo de tensión es un mecanismo biológico del ser humano el cual nos prepara para enfrentar cualquier situación de peligro.

Este mecanismo involuntario puede ser controlado así como se controla la respiración de cada día o los pensamientos negativos propios de los momentos previos a alguna situación de estrés.

El dedicar aunque sea unos minutos diarios a la relajación es de suma importancia para mantener una salud íntegra, tanto física, mental y emocional. Algunos de los beneficios que aporta la práctica de la relajación a nuestro organismo son la disminución de la ansiedad, el aumento de la capacidad de enfrentar situaciones estresantes, la estabilización de las funciones cardíacas y respiratorias, aumento en la velocidad de los reflejos y en la capacidad de concentración y de la memoria, sensación de alivio de tensiones, aumento de la eficiencia en la capacidad de aprendizaje y aumento de la oxigenación cerebral, entre otras.

5. Prepara una buena introducción.

La gran mayoría de los oradores consigue un reacción favorable de la audiencia cuando comienzan sus discursos con alguna anécdota humorística. Esto actúa como relajante, tanto para el orador como para el público que lo escucha. Si consideras que una introducción con alguna dosis de humor no es lo más adecuado para tu discurso, o si no te sientes cómodo utilizando alguna nota cómica, entonces puedes compartir alguna experiencia personal, lo cual puede ser otra excelente alternativa. Lo que importa en este punto es conseguir un campo fértil para que puedas sentirte cómodo durante tu discurso.

6. Enfócate en el significado.

En lugar de preocuparte por tu apariencia o lo que pensarán los demás, siempre mantén tu enfoque en lo que deseas realmente transmitir. En otras palabras, asegúrate de que tus oyentes estén comprendiendo lo que estás diciendo y cerciórate de que estén siguiendo el hilo de tu presentación. Presta mucha atención al lenguaje corporal de tu audiencia. Si se ven confundidos cuando explicas un nuevo concepto, ilústralo o exprésalo de otra manera. Un orador que se centra en su audiencia rara vez sufrirá de ansiedad.

7. Utiliza ayudas visuales.

Los gráficos y los videos facilitan mucho la comunicación con tu audiencia y pueden llegar a aumentar tu confianza como orador. Estas ayudas permiten que sea prácticamente imposible el que te olvides de los puntos principales de tu discurso. Si por alguna razón no estás seguro del siguiente punto, sólo debes pasar la diapositiva y seguir adelante con total y absoluta normalidad. Por otro lado, el uso regular de ayudas visuales, como videos, carteles, gráficos, diapositivas o incluso objetos reales no sólo suman color a tu discurso, sino que también ayudan a que el público se concentre más en la presentación, logrando así que no se enfoquen únicamente en tu persona.

8. Cultiva una actitud mental positiva.

Es muy importante desarrollar una imagen mental positiva, sana, viva y detallada de ti mismo. Al visualizarte hablando con confianza y seguridad, estás colaborando marcadamente a aumentar tu autoconfianza.

Puedes simular sentimientos mentalmente (por ejemplo valentía, orgullo y alegría), incluso cuando aun no sea un sentimiento existente. Obviamente, las imágenes mentales positivas por sí solas no te darán el resultado óptimo esperado a menos que te prepares y practiques tu discurso muchas veces.

Para lograr el éxito en un discurso público, tienes que visualizarte a ti mismo como un orador exitoso. No será el tiempo ni tampoco la cantidad de discursos lo que te convertirán en un orador exitoso si todavía piensas que eres alguien ansioso, ineficaz o temeroso.

Joe Kowan, un diseñador gráfico y músico que vive en Boston y que ha estado luchando con el pánico escénico desde que comenzó a escribir canciones a los 27 años, cuenta que a pesar de sus temores, puede entretener a los espectadores con su propio estilo de música mezclado con humor. En 2009 lanzó su video "Crafty", y en 2011 fue finalista en el Concurso de Composición de los Estados Unidos de América.

Kowan es principalmente un diseñador gráfico de alto nivel en el equipo de estrategia de marca de State Street

Global Marketing. Con un BFA en la escultura y el diseño, su obra explora diversas áreas del diseño, incluyendo escénica, impresión y diseño ambiental.

En una conferencia que brindó para TED en enero del año 2014, expresó sus vivencias de esta manera:

"Sufro de pánico escénico. Creo que siempre he tenido ese miedo, y no solo un poco, sino mucho. Lo extraño es que no me importó hasta los 27 años de edad, y fue cuando comencé a escribir canciones, las cuales entonces solo me las tocaba a mí mismo, porque saber que mis amigos estaban en casa me hacía sentir muy incómodo.

Pasaron unos años y el solo escribir canciones ya no bastaba, porque tenía todas estas ideas e historias y quería compartirlas. El problema era que físicamente no podía hacerlo, pues tenía ese miedo absurdo. Pero cuanto más y más escribía y practicaba, más todavía quería presentar mi trabajo.

Así que la semana de mi cumpleaños número treinta finalmente decidí que iría a ese local de micrófono abierto para acabar con ese miedo. Cuando llegué estaba lleno de gente. O por lo menos así me pareció a mí: Había como unas veinte personas. (Risas) Y lo peor de todo es que todos parecían enojados. Pero respiré profundamente y me dije a mí mismo: tienes que tocar.

Todo iba muy bien hasta diez minutos antes de mi turno, cuando sentí que todo mi cuerpo se rebeló y me envolvió una ola de ansiedad. Cuando uno experimenta miedo, se activa el sistema nervioso simpático. Así es como uno tiene una explosión de adrenalina, aumenta el ritmo cardíaco y la respiración se vuelve mucho más rápida. Luego los sistemas no esenciales del cuerpo comienzan a cerrarse, como el sistema digestivo. La boca se seca y la sangre se aleja de las extremidades, de tal forma que los dedos de la mano ya no funcionan. Los músculos se contraen, las pupilas se dilatan, el hormigueo se activa y básicamente todo tu cuerpo se detiene. Ese estado definitivamente no es apropiado para tocar música folclórica, ni cualquier tipo de música.

Finalmente llegó mi turno y de alguna manera, subí al escenario. Una vez allí empecé mi canción, abrí la boca para cantar la primera línea y de pronto surgió ese vibrato totalmente horrible... ya saben, esa clase de voz que emitimos cuando vacilamos y estamos nerviosos. Quiero decir que no era una buena clase de vibrato, como ésos de un cantante de ópera, sino que todo mi cuerpo se convulsionaba con puro miedo. Básicamente: una pesadilla. Me dio mucha vergüenza, noté que la audiencia estuvo claramente incómoda y centrados en mi malestar. Fue tan aterrador... pero esa fue mi primera y verdadera experiencia como cantautor solista.

Y sucedió algo bueno: tuve un mínimo indicio de conexión con el público, tal como lo soñaba. Y quería más, pero sabía muy bien que debía superar ese nerviosismo.

Esa misma noche me prometí que volvería cada semana a ese lugar hasta que ya no estuviera tan ansioso. Y lo hice. Volví cada semana, y ciertamente, semana tras semana, día con día, no mejoró en nada mi situación. Sucedió lo mismo cada semana. ¡No podía superarlo!

Ahí es cuando tuve una revelación. Lo recuerdo muy bien, porque no soy de tener muchas revelaciones. Lo que tenía que lograr era componer una canción que examinara mi nerviosismo. Mi pánico escénico parecía auténtico cuanto más nervioso estuviera, y eso sucedía en el escenario, así que si podía expresarlo mejor sería la canción. Así fue que comencé a escribir una canción sobre el miedo escénico. Primero confesando el problema, sus manifestaciones físicas, es decir, cómo me sentía y cómo puede sentirse el oyente. Luego justificando cosas como mi temblorosa voz, sabiendo que cantaría media octava más alto de lo normal por estar muy nervioso. Crear una canción que explicara lo que me estaba pasando mientras sucedía, otorgaría al público permiso para pensar en ello. Eso significaba que no tendrían que sentirse mal por estar yo nervioso, sino que podrían vivir conmigo la experiencia, convirtiéndonos todos en una gran familia nerviosa, incómoda y feliz.

Cuando pensaba en mi audiencia como gente que aceptaba y se relacionaba con mi problema, fui capaz de aprovechar algo que bloqueaba mi progreso para convertirlo en algo elemental para mi éxito. Fue así que con esa canción pude superar mi mayor problema al comenzar cualquier actuación. Me di cuenta que tocando primero esa canción, luego podría avanzar y tocar el resto de las otras canciones con un poco más de desenvoltura. Y con el tiempo ya no tendría que tocar la canción del pánico escénico, salvo cuando estuviera realmente nervioso, como en la mayoría de mis actuaciones.

Canción del pánico escénico

No bromeo, ya saben, este pánico escénico es real.
Y si me paro aquí cantando y temblando, bueno, sabrán que así es como me siento.
Y el error que cometo, el vibrato, es causado por mi cuerpo tembloroso.
Están ahí sentados sintiendo vergüenza por mí, bien, no es necesario.
Bueno, tal vez un poco.
Tal vez intente imaginarles sin ropa.
Pero cantar ante extraños desnudos me intimida todavía más de lo que nunca sabrán.
No seré muy extenso, pero mi imagen corporal no es mi fuerte.
Así que, me gustaría que se vistieran todos, es decir, no están ni siquiera desnudos.
El único con el problema soy yo. Y ustedes me dirán, no te preocupes tanto, estarás genial.
Pero la cosa es que yo soy el que vivo conmigo y de verdad sé cómo.
Su consejo es amable pero llega tarde, si es que no un poco indulgente.
Y ese tono sarcástico tampoco me ayuda para cantar.
Pero no hablemos de eso ahora, estoy en el escenario, y ustedes en la multitud.
No me burlo de un miedo infundado e irracional, porque si no estuviera listo para enfrentar esto, les aseguro que no estaría aquí.
Pero si logro entonar bien, sabrán entonces que me estoy recuperando.
Y tal vez la semana próxima podré afinar mi guitarra, tener mi voz impecable y todo el mundo cantará."

Así como Joe Kowan con la música, determina hoy mismo que deseas ser un orador seguro de ti mismo, eficaz y lleno de confianza. Si lo haces así y te visualizas de esa forma, empezarás a actuar como tal. Y haciendo eso estarás a un paso de lograrlo.

CAPÍTULO 2:
Estrategias que puedes usar para crear un discurso efectivo y poderoso en 30 minutos o menos

"Tú puedes hablar bien si tu lengua puede decir el mensaje de tu corazón." John Ford

Como vimos en el capítulo anterior, hablar frente a las personas, en especial las multitudes, generalmente se percibe como la experiencia más estresante que se pueda imaginar. Las siguientes ideas en este libro están diseñadas para ayudarte, o ayudar a alguien más, a transmitir las ideas y mensajes a cualquier persona o a un grupo grande acerca de cualquier tema. Puedes sentirte abrumado si tienes que crear una presentación efectiva. Pero existen estrategias que puedes usar para crear un discurso efectivo y poderoso en 30 minutos o menos, independientemente de quién sea tu público.

1. Identifica tu objetivo

Cuando te estés preparando para cualquier presentación, no debes pasar por alto la importancia de establecer tus objetivos. Lo primero que tienes que hacer antes de iniciar tu presentación es definir tus objetivos. Es crucial que comiences con el final en mente. Pregúntate lo siguiente: "¿Qué quiero lograr con mi discurso?", "¿Qué deseo que reciba mi audiencia?", "¿Qué quiero que sea lo siguiente que haga mi audiencia?"

Durante la preparación del discurso lo primero que tienes que hacer es identificar tu propósito. El propósito de tu presentación puede ser desde crear conciencia, fomentar el entendimiento, generar impacto, vender un producto, o hasta incluso inspirar a tu audiencia. Recuerda que la razón principal por la cual estás haciendo la presentación en primer lugar es para dar, no solamente para ganar. Por lo tanto tus metas deben estar dirigidas a permitirle a tu audiencia que se beneficie de tu presentación. Tu definición del propósito debe ser extremadamente clara, no solamente para ti mismo sino que también para tu audiencia. Esto les ayudará a construir internamente los beneficios que obtendrán por escucharte a ti.

Richard Whately (1787-1863), economista y teólogo inglés que también sirvió como arzobispo de Dublín para la Iglesia de Irlanda, dijo una vez: "Nunca prediques porque tienes que decir algo, sino porque tienes algo que decir."

El error más grande que se comete al hablar en público es cuando se comienza con el propósito equivocado en mente. Los oradores mediocres operan sin un propósito específico, lo cual fácilmente puede provocar estrés y ansiedad. La naturaleza de tu propósito es tan importante como el propósito en sí. Muchos oradores frecuentemente y de manera errónea asumen o incluso de manera subconsciente deciden que su propósito es la validación y aprobación por parte de la audiencia. Incorrecto. Esto es completamente desatinado. Pensar así provoca una gran presión en el orador por ser absolutamente perfecto para poder obtener la aprobación unánime, y esto causa mucha ansiedad. A esto yo lo llamo un propósito "productor de estrés".

Una vez que hayas definido el propósito de tu presentación, para poder alcanzarlo puedes recién entonces comenzar a construir tu presentación alrededor de él. Recuerda que la esencia de hablar en público no es GANAR algo sino DAR algo. Cuando trabajas con esto en mente, automáticamente programas tu cuerpo, tono de voz y contenido para que sea útil para tu audiencia. Con esto inmediatamente atraes la atención de la mayoría.

Estas simples preguntas pueden ayudarte a encontrar un tema o a definir tus preferencias.

Pregunta 1: ¿Quién es tu audiencia? ¿Hablarás en un entorno corporativo o en una atmósfera más relajada? Piensa en qué será lo más útil y valioso para tu audiencia. Piensa en qué te conectará con ellos.

Pregunta 2: ¿Cuál es tu campo de conocimiento o experiencia? ¿Eres un científico, doctor, abogado, autor, analista, director de proyectos, predicador, atleta, viajero por el mundo? Recurre a tu vasto conocimiento y enfócate en el tema en particular que tú conoces.

Pregunta 3: ¿Cuáles son tus áreas de interés? Piensa en temas sobre los que te gustaría saber más. Entonces investiga, haz tu tarea y también desarróllalo en tu discurso. Comparte esa pasión con los demás. Llévalos contigo en ese viaje de descubrimiento.

Pregunta 4: ¿Qué personas o lugares interesantes hay en la localidad donde vas a realizar tu discurso? Piensa en algunas maneras en las que puedas elegir un tema y darle un toque local a tu discurso.

Pregunta 5: ¿Darás tu discurso cerca de una fecha

festiva? Relaciona el tema festivo con algo de interés para tu audiencia. (Nota: Es mejor con audiencias no corporativas).

Para terminar esta sección te presento un pequeño resumen. Antes de redactar tu discurso necesitas visualizar claramente tus objetivos y preguntarte a ti mismo, "¿Qué quieres conseguir con esto?" y posteriormente definir los objetivos que te van a beneficiar no solamente a ti sino también a tu audiencia.

Como decía Dorothy Sarnoff (1914 - 2008), cantante soprano estadounidense de ópera, actriz de teatro musical y gurú de la autoayuda: "Asegúrate de terminar tu discurso antes de que tu audiencia haya terminado de escucharte."

Ahora que ya definiste el propósito de tu discurso puedes pasar a la siguiente etapa.

2. Prepara tu discurso

Una vez que hayas definido el propósito de tu objetivo, es momento de que lo comiences a construir. Pero antes de hacerlo es importante que tengas claro tu tema. Una manera de asegurarte de que lo tienes claro es hacer la "prueba de la tarjeta de presentación" -

¿puedes exponer tu idea principal en solamente un lado de una tarjeta de presentación? Si lo puedes hacer entonces estás listo para seguir adelante. Si no puedes, continúa trabajando hasta que puedas hacerlo.

Ya puedes comenzar a redactar tu discurso. Toma una hoja de papel y en la parte superior de ella expone claramente el tema escogido y el objetivo de tu presentación. Luego comienza a escribir tus líneas introductorias y desarróllalas con 4 a 5 puntos claves. Respalda estos puntos y resúmelos en la conclusión. Este es tu bosquejo. Una vez que hayas anotado tus temas más importantes puedes comenzar a desarrollar tu presentación basado en el bosquejo completo.

Antes de comenzar a escribir en serio ese discurso, vamos a desviarnos un poco y visitar uno de los más grandes y notables discursos hechos en la historia de la humanidad: el discurso de Martin Luther King Jr. "Yo tengo un sueño". ¿Sabías que la parte más importante, más frecuentemente citada y más poderosa del discurso, su declaración icónica "Yo tengo un sueño", fue dicha solamente en el último cuarto de toda su poderosa presentación?

¿No te hace pensar cómo hizo para lograr la atención completa de más de 200.000 agitados y molestos partidarios de los derechos civiles? Si piensas que se trataba de su autoridad, estás equivocado. Y tampoco fue por su apariencia. El reverendo King tuvo una introducción poderosa. Él comenzó con esto: "Hace cinco décadas, un gran estadounidense, bajo cuya sombra simbólica nos encontramos hoy, firmó la Proclamación de la Emancipación. Este decreto trascendental significó un gran faro de esperanza para millones de esclavos negros, quemados por las llamas de una injusticia marchita. Esto llegó como un amanecer lleno de júbilo para terminar con la larga noche de su cautiverio."

Martin Luther King Jr. comenzó su poderoso discurso con una historia fuerte y apasionada, la cual estableció el estado de ánimo para el resto de su discurso. Cuando comiences a construir tu discurso tienes que recordar que la introducción es la parte más importante. Si no logras capturar la atención de tu audiencia en los primeros 30 segundos, prácticamente pasaste a la historia. Tu introducción puede hacer, o destruir, tu discurso por completo. Recuerda que una entrada es lo primordial. Puedes comenzar con una pregunta de sondeo, una declaración poderosa, una historia personal o incluso una cita. Estos elementos no solamente establecen el estado de ánimo para tu discurso, sino que también despiertan la atención y concentración de tu audiencia lo suficiente como para engancharlos durante el resto de lo que tengas que decir.

Una vez que hayas realizado una introducción poderosa, puedes seguir con los puntos básicos de tu discurso. Cada uno de estos puntos debe de ser respaldado por historias, ilustraciones, referencias históricas, anécdotas humorísticas y ejemplos con los cuales la audiencia se pueda relacionar. Historias o ilustraciones comunes incluyen referencias a sucesos comunes de la niñez, los problemas al crecer e incluso experiencias de la adolescencia. Puedes hacer uso de estas historias y ejemplos para reforzar aún más tu punto. Los humanos somos criaturas sensoriales. Si puedes estimular más de solamente un sentido –el oído, por ejemplo- habrás logrado engancharlos para siempre. Recuerda incluir descripciones en tus historias e incluso imágenes para aquellos en tu audiencia que sean atraídos más por lo visual. Las analogías le ayudan a tu audiencia a procesar las ideas en su cabeza. También recuerda abrir y cerrar cada punto con una transición clara. Esto hace que sea más fácil para la audiencia seguir tu historia. Para aquellos de ustedes que están vendiendo o motivando a su audiencia, pueden incluso referirse al deseo de su audiencia, haciendo hincapié en los beneficios de tomar acciones inmediatas, sugerir un curso de acción recomendado seguido de unas palabras de clausura o cierre.

Ya detallaste todos los puntos principales de tu discurso, de manera que puedes comenzar a redactar la clausura. Una conclusión común pero efectiva es un resumen. Este puede ser seguido de una petición o un llamado a la acción para desafiar a tu audiencia, la cual es completamente dependiente de tu propósito y tema. Realiza para tu audiencia un resumen rápido y si es necesario esboza directrices claras y las próximas acciones que pueden llevar a cabo con la información que les has dado, de manera que no sientan que se han ido de tu discurso sin nada en concreto para llevarse con ellos.

Este es un pequeño resumen del proceso de preparación:

1. Identifica el propósito.
2. Ten claro el tema.
3. Haz un bosquejo de tu discurso.
4. Realiza la introducción.
5. Has una lista de los puntos principales que te gustaría transmitir.
6. Escribe el cierre y termina tu discurso con un paso a paso bien claro o con una guía que incluya las siguientes acciones para tu audiencia.

Con respecto a estar listos, Dale Carnegie, escritor y empresario estadounidense, dijo lo siguiente: "Todo discurso bien preparado está ya pronunciado en sus nueve décimas partes."

Pasemos ahora a la siguiente sección de este capítulo.

3. Prepara tus ayudas visuales

En la época de Martin Luther King Jr. las ayudas visuales no eran solamente un lujo: eran un problema, y en algunos casos, algo imposible. Gracias a los avances tecnológicos de hoy en día, disponemos de proyectores en prácticamente cada salón principal de un evento de discursos, o al menos una pizarra blanca con marcadores. Por lo tanto no hay excusa para no tener ayudas visuales en tu disertación.

¿Por qué las ayudas visuales son tan importantes? Porque además de la audición, estimulan los demás sentidos perceptivos de tu audiencia, y fuerza a su cerebro a unirlos. Esto ayuda inadvertidamente a mantenerlos despiertos y concentrados durante tu discurso. Y más importante, le ayudan a reforzar los puntos a tu audiencia y aumentan el número de asociaciones que realiza el cerebro, lo cual incrementará lo que puedan recordar sobre el tema que has expuesto. Voy a compartir contigo dos ayudas visuales usadas frecuentemente y que son muy efectivas, las cuales captarán la atención de tu audiencia y te servirán de apuntes conforme vayas hablando.

Primeramente, los rotafolios. Los rotafolios son blocs enormes de hojas que están montados sobre un caballete portátil. Si bien hoy en día son poco usados, ya que se usan los pizarrones blancos con más es completamente dependiente de tu propósito y tema. Realiza para tu audiencia un resumen rápido y si es necesario esboza directrices claras y las próximas acciones que pueden llevar a cabo con la información que les has dado, de manera que no sientan que se han ido de tu discurso sin nada en concreto para llevarse con ellos.

Este es un pequeño resumen del proceso de preparación:

1. Identifica el propósito.
2. Ten claro el tema.
3. Haz un bosquejo de tu discurso.
4. Realiza la introducción.
5. Has una lista de los puntos principales que te gustaría transmitir.
6. Escribe el cierre y termina tu discurso con un paso a paso bien claro o con una guía que incluya las siguientes acciones para tu audiencia.

Con respecto a estar listos, Dale Carnegie, escritor y empresario estadounidense, dijo lo siguiente: "Todo discurso bien preparado está ya pronunciado en sus nueve décimas partes."

Pasemos ahora a la siguiente sección de este capítulo.

3. Prepara tus ayudas visuales

En la época de Martin Luther King Jr. las ayudas visuales no eran solamente un lujo: eran un problema, y en algunos casos, algo imposible. Gracias a los avances tecnológicos de hoy en día, disponemos de proyectores en prácticamente cada salón principal de un evento de discursos, o al menos una pizarra blanca con marcadores. Por lo tanto no hay excusa para no tener ayudas visuales en tu disertación.

¿Por qué las ayudas visuales son tan importantes? Porque además de la audición, estimulan los demás sentidos perceptivos de tu audiencia, y fuerza a su cerebro a unirlos. Esto ayuda inadvertidamente a mantenerlos despiertos y concentrados durante tu discurso. Y más importante, le ayudan a reforzar los puntos a tu audiencia y aumentan el número de asociaciones que realiza el cerebro, lo cual incrementará lo que puedan recordar sobre el tema que has expuesto. Voy a compartir contigo dos ayudas visuales usadas frecuentemente y que son muy efectivas, las cuales captarán la atención de tu audiencia y te servirán de apuntes conforme vayas hablando.

Primeramente, los rotafolios. Los rotafolios son blocs enormes de hojas que están montados sobre un caballete portátil. Si bien hoy en día son poco usados, ya que se usan los pizarrones blancos con más toque de vida a tus diapositivas. Pero recuerda elegirlas sabiamente y no permitir que te eclipsen a ti ni tampoco a tu discurso.

En tercer lugar, debes mantenerlas simples y sugestivas. Y me estoy refiriendo al texto. Es un error leerle las diapositivas a tu audiencia. Debes de dominarla y solamente de manera ocasional volverte hacia las diapositivas para usarlas como guía o referencia. Lo más importante es que los puntos principales de tu presentación no estén desarrollados en tus ayudas visuales. El texto en ellas solamente debe mencionar tus puntos principales. Para disminuir la cantidad de palabras en tus ayudas visuales usa viñetas en lugar de oraciones completas. Esto también se aplica en los gráficos y diagramas. No les muestres un gráfico completo con 20 componentes para descifrar. Si para tu presentación necesitas gráficos y tablas, de antemano recorta los datos para tu audiencia. No tienes que saberlo todo: solamente los hallazgos claves y las estadísticas significantes.

Por último, menos es más. Esto se refiere a tu animación. Puedes usar la animación para subrayar un punto, o incluso crear un poco de drama o suspenso. Pero no tienes que animar cada palabra u objeto en tu presentación. Esto no solamente distraerá a la audiencia sino que puedes provocarle una jaqueca mental.

Para resumir rápidamente, los rotafolios son geniales en

los grupos pequeños y te da un rango más grande de movimiento. Si estás pensando en usar como ayuda visual las diapositivas de powerpoint o keynote, recuerda las cuatro reglas para aumentar la atención de la audiencia y su capacidad de leerlas:

1. Tipografía sencilla
2. Alto contraste y colores mínimos
3. Mantenerlo simple y sugestivo, y
4. Menos es más.

Las ayudas visuales son de gran apoyo para las presentaciones y si es posible deben ser usadas. Sin embargo, evita el problema número uno que cometen muchos oradores novatos: no permitas que tus ayudas visuales te controlen. Tú controlas la presentación. Tu ayuda visual es solamente una "ayuda" y no consiste en el show completo. Úsala para reiterar y respaldar tus puntos y no las conviertas en el punto de toda tu presentación. Recuerda que el punto de tu ayuda visual es motivar a tu audiencia y despertar su imaginación para que puedan enfatizar y aceptar tu idea. El propósito de las ayudas visuales es que el público distinga más allá de lo que es visible en la efímera diapositiva de PowerPoint que está viendo.

Con respecto a esto, Ralph Waldo Emerson dijo una vez algo muy importante: "Lo que haces habla tan fuerte que no puedo escuchar lo que dices".

Ahora que ya tienes cubierto lo básico del discurso y la

presentación, sigamos con algo un poco más avanzado.

4. Realiza una presentación de prueba

La única manera de deshacerse del estrés y el miedo antes del día de tu presentación es practicando. La práctica constante no sólo aumentará significativamente tu confianza sino que también te ayudará a recordar y acostumbrarte más a tu materia. Vamos a repasar juntos la estructura básica de un ensayo.

Primero tienes que memorizar la oración con la que vas a comenzar. Esto es crucial, ya que una vez que tengas el ritmo, te darás cuenta de que el resto fluye con más facilidad. Después tienes que memorizar tus puntos principales en el orden en que los vas a presentar. Trata de pensar en un acrónimo para tus puntos y piensa en ellos constantemente mientras te preparas. También tienes que recordar tus transiciones. Entre cada punto recuerda la transición que quieres hacer hacia el siguiente punto. Relaciona tu oración de transición con tu punto principal y fácilmente la recordarás cuando realices la presentación real. Por último, recuerda tus historias. La mejor manera de hacerlo es no inventar historias, sino usar experiencias personales reales. De esta manera no tendrás que esforzarte para memorizar detalles y sentimientos, sino que recordarás fácilmente la historia e incluso, si olvidas un poco de ella, tus mismos recuerdos te ayudarán.

Mientras estés practicando es importante que sonrías y hables en voz alta, incluso si estás solo. Créeme cuando te digo que practicar la presentación en tu cabeza no es lo mismo que decirla en voz alta. Simular una presentación real, incluso cuando estás solo, puede ayudarte a aumentar tu confianza y a crear la atmósfera de una presentación real. Cuando digo simular me refiero a hacerlo por completo. Sonríe, gesticula, refiérete a tus ayudas visuales y practica tu postura. Todo esto puede parecerte tonto, pero realmente ayuda a aumentar tu energía y entusiasmo, inyectando indirectamente la misma energía en la audiencia el día de la presentación.

Cuando simules tu presentación frente a una audiencia, comienza haciendo que tu familia y amigos te ayuden. Si te pones nervioso al hablar frente a una audiencia grande, comienza en pequeña escala. Comienza a practicar con una audiencia de 2: pueden ser tus padres o hermanos. Escucha sus opiniones y luego practica frente a un grupo de 4. Pídeles ayuda a tus amigos para que se sienten a escucharte y te den sus opiniones sinceras. Ahora ensaya con un grupo de 8, y repite el proceso con un grupo más grande de amigos. Recuerda pedirle su opinión a cada grupo y pensar en tus fallas y las cosas específicas que puedes mejorar. Recuerda pedirle a tu audiencia que sea crítica y quisquillosa con todos los defectos de tu presentación. Quieres aprender de tus errores, grandes o pequeños, antes de la presentación real.

Otra cosa importante que puedes hacer es grabar tu ensayo. Grábalo si puedes en un formato de video. ¿Por qué te sugiero que lo grabes? Esto es para que puedas reflexionar sobre tu presentación dejando de lado a la audiencia. Colócate en el lugar del espectador o del oyente e identifica tus errores o momentos menos gloriosos. Enfoca tu atención en la velocidad y el ritmo de tu discurso y toma notas para tu próxima práctica.

Por último, tu lenguaje corporal es particularmente importante, ya que le envía mensajes subliminales a tu audiencia. Camina derecho y erguido, haz contacto visual constante y firme con tu audiencia, sonríe continuamente y usa gestos que te ayuden a inyectar un poco de versatilidad y movimiento a tu presentación. No solamente transmitirás mejor el mensaje a tu audiencia sino que también ayudarás a disipar la tensión nerviosa.

    Para resumir muy rápidamente lo que hemos visto en este capítulo: practica, practica, practica. Esta es la clave del éxito de la presentación. Ensaya con grupos pequeños, lentamente aumenta el tamaño del grupo y recibe retroalimentación de tu audiencia simulada. Graba tus ensayos y analiza tu propio discurso y estilo de presentación enfatizando tu lenguaje corporal.

CAPÍTULO 3:
Lo que sucede en nuestros cerebros al hablar en público

"Orador es aquel que dice lo que piensa y siente lo que dice."
William J. Bryan

Antes de pasar a la siguiente sección, me gustaría compartir contigo algo que escribió Mikael Cho, quien es co-fundador de PickCrew.com, un mercado creativo que conecta desarrolladores de primera clase y diseñadores de todo el mundo.

Mikael escribe regularmente artículos relacionados con psicología, startups y comercialización de productos en su blog PickCrew.com.

"Palmas sudorosas y corazón acelerado. Conoces la

sensación. Si se trata de cinco personas o cincuenta, hablar en público es una experiencia desgarradora para la mayoría de nosotros.

Antes de co-fundar mi startup, tenía un gran miedo a hablar en público. Cada vez que tenía que presentar algo en frente de más de un puñado de personas, mi estómago se hacía un nudo y mi garganta encogía hasta el punto en que apenas podía hablar.

La realidad es que si estás pensando presentar casi cualquier cosa en tu vida, tendrás que ser capaz de comunicar de manera efectiva tus ideas delante de al menos un par de personas.

Para superar el miedo a hablar en público me di cuenta que un buen lugar para empezar sería entender por qué estaba sufriendo de pánico escénico.

Pensé que sería interesante compartir contigo mi investigación sobre cómo aprendí a superar mi miedo de hablar en público, a la vez que inicié la fundación de una empresa.

Como seres humanos, estamos programados para preocuparnos por nuestra reputación por encima de casi todas las cosas. Hay partes primitivas del cerebro que controlan su reacción a las amenazas en su reputación, por lo que estas reacciones son extremadamente difíciles de controlar.

Estas reacciones a las amenazas son, precisamente, lo que Charles Darwin descubrió cuando visitó una exposición de serpientes en un zoológico de Londres. Darwin trató de permanecer en perfecta calma mientras apoyaba su cara tan cerca del vidrio que lo separaba de una serpiente lista para atacar.

Sin embargo, cada vez que la serpiente se lanzaba hacia él, Darwin saltaba instintivamente hacia atrás. Por eso se puede leer en su diario: "Mi voluntad y la razón eran impotentes contra la imaginación de un peligro que nunca se había experimentado."

Llegó así a la conclusión de que su respuesta al temor era una antigua reacción que no se ha visto afectada por los avances de la civilización moderna. Esta respuesta se conoce como la reacción de lucha o huida, la cual es un proceso natural que está diseñado para proteger tu cuerpo de cualquier daño o amenaza.

¿Qué ocurre en nuestro cerebro? Cuando se piensa en las consecuencias negativas, una parte de tu cerebro, el hipotálamo, se activa y activa a su vez la glándula pituitaria para secretar la hormona ACTH.

Esta hormona estimula las glándulas suprarrenales en los riñones, lo que permite la liberación de adrenalina en la sangre. Es en este punto del proceso en que muchos de nosotros experimentamos las reacciones adversas.

Tu cuello y los músculos de la espalda se contraen (forzando la cabeza hacia abajo y haciendo que tu columna se curve), lo que provoca una débil postura física.

Si intentas resistir esta posición tirando los hombros hacia atrás y levantando la cabeza, las piernas y las manos tiemblan, porque los músculos de tu cuerpo instintivamente se preparan para un ataque inminente.

Aumenta la presión arterial y tu sistema digestivo se apaga para maximizar la prestación eficiente de los nutrientes y el oxígeno a los órganos vitales. Cuando tu sistema digestivo se apaga, conduce a la sensación de sequedad en la boca o las mariposas que sentimos cuando estamos nerviosos.

Incluso sus pupilas se dilatan, lo que hace que sea difícil de leer algo de cerca (como las notas del presentador), pero mejora la visibilidad a larga distancia, lo que te hace más consciente de las expresiones faciales de su audiencia.

Cualquier experiencia de miedo escénico se ve afectada también por 3 elementos:

1. Genes. La genética juega un papel muy importante en qué tan fuerte son tus sentimientos de ansiedad al estar en situaciones sociales. Por ejemplo, a pesar de que John Lennon realizó conciertos miles de veces, se conocía que vomitaba antes de subir al escenario para cantar.

Algunas personas simplemente están genéticamente conectadas a sentir más miedo al actuar o hablar en público.

2. Nivel de experiencia. Todos hemos escuchado el dicho, "la práctica hace al maestro." El principal beneficio de la práctica es aumentar tu familiaridad con una tarea determinada. A medida que esta familiaridad aumenta, se disminuye la ansiedad, y ésta tiene menos impacto negativo en el rendimiento.

En otras palabras, la ansiedad que sientes al hablar en público será menor si te sientes cómodo con tu presentación.

Para apoyar estos hallazgos, en el año 1982 un equipo de psicólogos observó a varios jugadores de billar jugar solos o delante de una multitud. El estudio encontró que los jugadores más fuertes efectuaron más tiros correctos cuando los hicieron frente a una audiencia, mientras que los jugadores más débiles se desempeñaron peor. Curiosamente, los jugadores de billar más fuertes se desempeñaron aún mejor cuando las personas los miraban que cuando jugaban solos.

Lo que esto significa es que si conoces tu presentación de arriba abajo, es mucho más probable que vayas a dar una mejor presentación delante de una gran audiencia que al ensayar a solas o delante de un amigo.

3. Reputación. Si estás dando una presentación donde tu negocio está en juego o la nación entera te está viendo, hay una mayor probabilidad de que tu reputación pueda resultar dañada de gran manera si metes la pata.

Hemos visto el efecto de las reputaciones también en las comunidades en línea. Por ejemplo, muchos vendedores de eBay se preocupan mucho por tener una reputación de cinco estrellas, ya que afecta directamente a la cantidad de dinero que ganan. Un solo comentario negativo puede arruinar el perfil de un vendedor de eBay y causar la pérdida de ansiadas ventas.

De hecho, un estudio encontró que una buena reputación de vendedor en eBay añadió un 7,6 por ciento al precio de venta de sus artículos.

Proteger una buena reputación es importante, pero esto también lleva a tener un miedo que tal solo un desliz podría arruinar y causar así la pérdida de oportunidades futuras.

Cómo aprendí a curar el pánico escénico: una guía de 4 pasos

Ahora que sabemos las causas fundamentales de por

qué hablar en público produce temor, esto es lo que puedes hacer para mejorar y superar tus temores sobre el escenario.

1. Preparación. He estado en muchas conferencias en las que veo conferencistas organizar diapositivas unos minutos antes de su charla. Esa no es la manera óptima de prepararse para un rendimiento de calidad. ¿Acaso viste algún músico aprendiendo sus canciones 10 minutos antes de salir al escenario? De ninguna manera.

Prepararse 10 minutos antes tampoco es justo para el público que nos brindará sus próximos 10, 20 o 60 minutos de atención.

Cuando me estoy preparando para hacer una presentación o una charla para una conferencia, aquí está mi proceso:

Aproximadamente una semana antes, extraigo un guión gráficos (storyboard) de unos 15 a 20 cuadros, pensando en el contenido utilizando figuras de palo o unas pocas palabras que puedo poner en mis diapositivas.

La creación de este guión me ayuda a sentirme cómodo, ya que sé los principales puntos que quiero cubrir y todavía me deja mucho tiempo para ensayar y perfeccionar los cuadros.

Luego distribuyo mi charla de esta manera:

Introducción

Tema principal 1

* *punto*
* *ejemplo (algo único en mi experiencia)*
* *punto (con pasos prácticos para aplicar)*
Tema principal 2

* *punto*
* *ejemplo (algo único en mi experiencia)*
* *punto (con pasos prácticos para aplicar)*
tema principal 3

* *punto*
* *ejemplo (algo único en mi experiencia)*
* *punto (con pasos prácticos para aplicar)*
Conclusión

Distribuir tu charla en este formato de "punto, ejemplo, punto no sólo te ayuda a visualizar toda la presentación, sino que también te permite pensar profundamente sobre el tema que estás cubriendo de manera de no dejar a tu público con ganas de más.

Empiezo rellenando cada punto principal del tema primero y luego salto a la introducción y finalmente termino con la conclusión.

Cuando trabajo en la introducción, empiezo con una historia que cubre lo que soy y por qué el público debería preocuparse por escuchar mi charla. Dile a tu audiencia de inmediato cómo se van a beneficiar de escucharte.

Luego ensayo cada una de estas partes individuales (introducción, tema principal 1, tema principal 2, etc.) entre 5 a 10 veces cada uno.

Una vez hecho esto, recito el contenido de la presentación de principio a fin por lo menos 10 veces.

Esto puede parecer como un montón de preparación, pero ten en cuenta que el mismo Steve Jobs era conocido por ensayar durante cientos de horas y prepararse con semanas de antelación para sus épicas presentaciones de Apple.

2. Practica como si fuera real. En 2009, un grupo de investigadores del MIT encontró que cuando hay muchos estimulantes visuales en frente de usted, sólo una o dos cosas tienden a ser activadas en el cerebro, lo que indica que sólo somos capaces de centrarnos en uno o dos elementos a la vez.

Cuando estoy ensayando, dispongo mi equipo en el mismo lado que estará durante la presentación real, uso el mismo clicker y doy mi presentación en la práctica cada vez como si fuera la real.

Otro consejo para ayudar a prepararse para las variables desconocidas es decir tu presentación delante de alguien o al menos grabarte para replicar el efecto de alguien mirando. Esto te ayudará a sentirte menos ansioso cuando te levantas en público, sabiendo que ya has dicho tu presentación delante de al menos una persona.

3. Aprende a respirar. Muchas personas recomiendan una buena respiración como la primera y más importante forma de evitar la ansiedad antes de una reunión para dar un discurso.

Este ejercicio activa el hipotálamo, y envía hormonas para desencadenar una respuesta de relajación.

De hecho, los investigadores probaron una sola sesión de respiración lenta en 46 músicos entrenados y los resultados del estudio encontraron que una sesión de respiración lenta ayudó a controlar el nerviosismo, sobre todo para los músicos que tenían altos niveles de ansiedad.

Los sentimientos asociados con el miedo escénico suelen ser los más fuertes durante el período previo a la presentación más que durante la misma, así que tómate un minuto para respirar y estirarte antes de salir al escenario.

4. Encuentra dónde exponer tu próxima presentación. Si quieres mejorar en el discurso público, tienes que hacerlo más seguido. Cada vez que hablas estarás menos nervioso y más cómodo.

En primer lugar, trata de encontrar compromisos que

tengan audiencias pequeñas. Por ejemplo, tal vez una presentación a los miembros de tu familia acerca de la importancia de tomar unas vacaciones. Cualquier cosa que te ayude a ensayar el comportamiento de levantarte y hablar delante de la gente.

Un último consejo: Cómo dejar de decir "eh" y "emm"

Algunos "eh" y "emm" no van a echar a perder tu presentación, pero si empiezan a llenar cada transición de diapositivas o cada vez que haces una pausa entre cada punto, pueden convertirse en una distracción.

Entrenarse para dejar de decir "eh" y "emm" puede ser difícil, especialmente si se trata de la manera en que hablas diariamente. Una de las mejores maneras de eliminar estas palabras de relleno es usar una técnica llamada fragmentación.

Fragmentar significa dividir tu presentación en breves párrafos seguidos de un breve descanso antes de continuar con otra breve ráfaga de palabras.

Por ejemplo, al grupo de una o dos oraciones seguidas intercálale un segundo de pausa, luego haz lo mismo con las siguientes dos oraciones, y así sucesivamente. Esto te ayudará a desarrollar un ritmo para hablar, y evitarás así las palabras de relleno.

Hablar en público puede dar miedo, pero es una parte necesaria de casi toda carrera. Espero que el entender por qué tenemos pánico escénico pueda ayudarte, y que el uso de estos consejos sobre cómo superar el miedo te asista a ser el protagonista de tu próxima presentación.

CAPÍTULO 4:
Prepara tu presentación, personalízala y hazla extraordinaria

"Me gusta la gente que se niega a hablar hasta que está preparada para hablar." Lilian Hellman

1. Elimina el pánico escénico y aumenta tu auto confianza

¿Eres del tipo de persona que se sobrecoge con sólo pensar en caminar sobre un escenario? ¿Eres aquel al que le sudan las manos, se le acelera el corazón y las piernas le tiemblan en el momento en que da el primer paso sobre una plataforma? Si lo eres ¡no te des por vencido! Como vimos antes, el miedo a hablar en público es algo muy común y prácticamente todos lo han experimentado o sentido en algún punto en sus vidas.

Habiendo dicho esto, vamos a analizar este sentimiento común para poder entenderlo mejor. Para comenzar, ¿qué es el miedo? El miedo está definido como la anticipación al dolor. Sí, leíste bien. El miedo no es dolor, sino su simple anticipación. Existen 5 elementos causales del pánico escénico:

1. La percepción o imaginación de la presencia de personas que te van a juzgar,
2. La posibilidad del fracaso,
3. La necesidad inherente de hacerlo bien para evitar el fracaso,
4. El sentimiento de incertidumbre de si lo puedes hacer bien y
5. Una atención excesiva a la conducta y apariencia personal.

La razón por la que experimentamos síntomas desagradables tales como una sensación de mareo, manos sudorosas y un pulso acelerado, es porque este miedo es en realidad una afección psicológica que se manifiesta físicamente por medio de estos síntomas. De manera que para prevenir estos síntomas tenemos que vencer al miedo. ¿Cómo lo logramos? Atacando cada uno de los síntomas causales. En esta sección te mostraré 6 pasos simples que te ayudarán a superar tu miedo de estar sobre un escenario hablando frente a una audiencia.

Paso 1: Concéntrate en la audiencia

Para conquistar el miedo tienes que recordar que tus presentaciones no se tratan acerca de ti mismo. Por el contrario, son acerca de tu audiencia. Enfócate en las necesidades de tu audiencia en lugar de cómo va a ser tu desempeño, y tus miedos desaparecerán automáticamente. La verdad es que a nadie en realidad le importa tu voz o cómo te ves. Tu audiencia está más interesada en qué tienes para ofrecerle. Concéntrate en cómo les puedes dar un beneficio óptimo a las personas que te están escuchando.

Si estás vendiendo un producto, concentra tus esfuerzos en venderle a tu audiencia los beneficios de tu producto. Si estás compartiendo un aprendizaje, enfócate en cómo se pueden beneficiar o tomar acción con lo que tienes para compartir. Independientemente de que estés contando una historia para construir una buena relación o realizando una venta, concentrarte en las necesidades de tu audiencia te puede ayudar a dejar de pensar en tu miedo.

Paso 2. Acepta que cometes errores

Nadie nace como un experto orador. Como lo mencionamos anteriormente, los buenos oradores no nacen, se hacen. ¿Crees que Martin Luther King Jr. realizó ese discurso tan maravilloso al primer intento?

Ese hombre era un reverendo quien había dado innumerables discursos y sermones antes del de "Yo tengo un sueño". Incluso él cometió errores, por lo que si te equivocas no importa. Lo importante es que aprendas de tus errores. Si notas un error durante el discurso, nadie de la audiencia te va a juzgar si das marcha atrás para corregir ese error. De hecho, es más creíble si lo haces.

Para poder mejorar y ser mejor tienes que tomar riesgos. Piensa en tu presentación como una oportunidad de beneficiar a tu audiencia al transmitirle información asombrosa. Y recuerda esto, Thomas Edison falló miles de veces antes de inventar la bombilla. ¿Eso lo detuvo? No. Sus inventos se encuentran por todo el mundo actual y constantemente se están innovando. ¿Quieres ser un Thomas Edison o un tonto que tiene demasiado miedo de salir de su casa por el temor a caer?

Paso 3: Sacúdete todos esos pensamientos negativos

Si recuerdas los elementos causales del pánico escénico que mencioné anteriormente, te darás cuenta que todos esos elementos tienen un tema recurrente: los pensamientos negativos. Igual que las semillas de un árbol determinan sus frutos o producto final, lo que sucede en el interior tiene un gran impacto en nuestro exterior. Esto significa que nuestras acciones y miedos son en realidad influenciados por nuestras mentes subconscientes. Los pensamientos negativos no solamente te dejan sin energía, sino que también te desmotivan. Para poder superarlos necesitas comenzar a reemplazar todos los pensamientos negativos por unos positivos.

Diariamente párate frente al espejo, postura derecha y con una sonrisa en tu rostro. Sustituye tus pensamientos de "no puedo hacerlo", "las personas me van a juzgar" y "lo voy a hacer mal" con frases como "me siento con energía", "estoy preparado y concentrado", "estoy entregándole algo valioso a mi audiencia" y "la audiencia es mi amiga, no mi enemiga". Eventualmente la actitud y las acciones cambiarán. Como dice el viejo dicho, tienes que fingirlo hasta que lo consigas.

Paso 4: Convierte tu miedo en energía positiva

¿Sabías que aparte de tus pensamientos también puedes cambiar tu comportamiento físico? Puedes ayudar a cambiar los síntomas del pánico escénico con el poder de la visualización y la convicción. Por ejemplo, ¿sabías que las manos sudorosas y el pulso acelerado también son síntomas de un aumento en la adrenalina? Así que en lugar de atribuirle pensamientos negativos a tu pulso acelerado y manos sudorosas, ¿por qué no tomas esos síntomas como un aumento en la adrenalina? Tómalos como emoción y optimismo por tu presentación. Esto no solamente va a disminuir tu miedo, sino que también encenderá en tu cuerpo el interruptor de la atención y la energía. Tus reacciones físicas son lo que tú hagas de ellas.

Aparte de eso, si en medio de tu presentación te quedas con la mente en blanco, no sientas pánico. Tienes dos caminos para escoger. Puedes ser honesto y decirle a tu audiencia que se te olvidó y recurrir a tus notas y reírte de eso con un chiste acerca de envejecer, o puedes desviarte un poco del tema y contarle a la audiencia una historia acerca de algo divertido que te haya sucedido recientemente. Ambos caminos te darán un minuto para acomodar tus pensamientos, y le dará también un minuto a la audiencia para reírse y lograrás humanizarte ante ellos.

Si tu síntoma de pánico escénico es la garganta seca, dile de antemano a los organizadores que te preparen un vaso de agua tibia o té (las bebidas frías contraen tu garganta y causan más molestias que alivio) y de vez en cuando toma un sorbo entre tus puntos. Esto no solamente le da a tu audiencia un minuto para tomar notas, tú vas a disponer de un momento para reacomodar tus pensamientos y prepararte para la próxima sección. Recuerda tomar solamente un sorbo y no tomarte todo el vaso.

Paso 5: Exponlo diariamente

No me estoy refiriendo solamente a la práctica (tocaré ese tema más adelante), estoy hablando acerca de incorporarlo a tu vida diaria. Para serte sincero, hablarle a una audiencia no es diferente a tu interacción diaria con las personas que te rodean. En una conversación tratas de transmitir un mensaje o de vender una idea, ambas requieren de las mismas habilidades y elementos que una presentación pública. Una vez que comprendas y entiendas este concepto, te puede ayudar a sentirte mucho más confiado y poderoso sobre el estrado. Cuando le hables a tus amigos, trata de visualizarte en un estrado e imagínate que son tu audiencia: cómo ellos reaccionan ante ti en ese escenario es realmente como van a reaccionar ante ti sobre el estrado, con la excepción de que tus amigos te pueden interrumpir. Una manera de ganar confianza y superar el miedo es incorporando elementos de tus habilidades para hablar en público en tus conversaciones diarias con tu jefe, colegas, familia y amigos. Pon atención a cómo ellos responden y cambia fácilmente tu estilo de conversación para producir las reacciones deseadas.

Paso 6: La práctica hace que sea casi perfecto

Estoy repitiendo este punto de nuestra último capítulo porque es muy importante. Esto puede parecer simple pero la verdad es que entre más te sepas tu material, más confiado te sentirás, porque el miedo de olvidarte de algo desaparecerá casi por completo. Como mencioné anteriormente, practica tu discurso frente a 2 personas, luego 4, 8 y así sucesivamente. Evalúa cuidadosamente tus sentimientos, ya sean de confianza o ansiedad durante la presentación, y registra los comentarios de tus grupos de práctica. De nuevo, recuerda que no tiene que quedar perfecto y en su lugar irás mejorando conforme vayas practicando. Con el tiempo y suficiente práctica, tus habilidades de presentación mejorarán drásticamente hasta el punto donde no tengas que preocuparte más por quedar en ridículo o equivocarte.

Antes de pasar al siguiente punto voy a resumir rápidamente los 6 pasos para superar el pánico escénico:

1. Concéntrate en la audiencia,
2. Acepta que puedes cometer errores,
3. Deshazte de los pensamientos negativos,
4. Convierte tu miedo en energía positiva,
5. Exponlo diariamente y
6. La práctica hace que sea casi perfecto.

Ahora que ya tienes lo básico de la preparación y los pasos para eliminar el pánico escénico, pasemos a cómo personalizar tu presentación.

2. Incorpora tu personalidad a la presentación

Una característica común entre los grandes oradores es que tienen un estilo distintivo que hace que el discurso sea memorable y ayuda a inyectarle la propia personalidad a la presentación. Esto ayuda a mantener emocionada a la audiencia. El presidente de los Estados Unidos, Barack Obama, frecuentemente agrega consignas y refranes en sus discursos, y Steve Jobs era un zen visual que hacía colocaciones estratégicas de diapositivas vacías para lograr que sus imágenes fueran más fuertes y prominentes cuando aparecían. Al igual que Obama y Steve Jobs tú necesitas dedicarle tiempo a buscar cómo transmitir tu estilo de la manera más emocionante posible.

Una manera de incorporar tu personalidad es integrando historias personales en tu discurso. Esta no es solamente una manera efectiva de exponerle a la audiencia quién eres, sino que también les ayuda a relacionarse contigo a un nivel más emocional y personal. Un tipo de historia personal que generalmente surte efecto es la historia de éxito/héroe. Puedes hablar de ti mismo como alguien que ha superado un gran obstáculo en su vida, el cual es relevante para el tema que estás presentando. Esto no solamente le permite a la audiencia a identificarse, simpatizar y sentir empatía hacia ti, sino que le agrega credibilidad y autoridad a lo que estás a punto de compartir con ellos.

Otra manera de incorporar tu personalidad a tu

presentación es ilustrar tu estilo físico. En otras palabras, la manera en que vistes. Es importante ver la parte del mensaje que estás intentando transmitir. El punto de venta de Frank Kern, uno de los principales vendedores de internet, es la libertad. Esta es la razón por la que siempre que le habla a una audiencia viste pantalones cortos de surfista, una camiseta holgada y cabello desaliñado: está transmitiendo subliminalmente a su audiencia el mensaje de la libertad. Habiendo dicho esto, hay unos cuantos lineamientos que debes tomar en cuenta a la hora de decidir qué vas a vestir en el estrado.

Primero, mantén al mínimo la joyería. Usar demasiados adornos puede distraer del discurso a tu audiencia y la única cosa que se llevarán con ellos al final de tu presentación será qué tan brillante y reluciente estabas. En segundo lugar, aléjate de la ropa demasiado vistosa. Un par de pantalones con rayas en cinco colores contrastantes solamente les hará pensar en un payaso de su infancia, y no en una persona con autoridad. Por el contrario, una ropa demasiado monótona hará que te confundas con el fondo, haciéndote irrelevante e inmemorable para tu audiencia. Tu ropa solamente tiene que reiterar tu punto, no dirigir el espectáculo. Recuerda siempre que la audiencia tiene que enfocarse principalmente en lo que tienes que compartir con ellos y nada más.

El humor es otra gran manera de inyectarle algo de

personalidad a tu presentación. No solamente ayuda a captar la atención de la audiencia sino que también ayuda a animar la atmósfera. Sin embargo, si eliges usar el humor en la presentación, asegúrate de que los chistes sean originales y no tan conocidos. Procura no reírte de los miembros de la audiencia y en su lugar haz chistes acerca de ti mismo. Por ejemplo, si eres una persona de baja estatura, puedes burlarte de tu estatura para ilustrar un punto que sea relevante a tu discurso. Recálcalos con bromas cortas e indiferentes como "Cielos, la próxima vez trataré de guardarme eso para mí mismo", o incluso, "Rayos, mi mamá pensó que sí era divertido. La próxima vez no le pediré consejos para hacer chistes."

Al fin de cuentas, incorporar tu personalidad básicamente significa ser tú mismo. Tu audiencia no es psíquica, pero podrán ver a través de alguien falso. No hay mejor presentación física que ser tú mismo. Así que relájate, tranquilízate y recuérdate pasarla bien. Un orador relajado que está disfrutando de sí mismo automáticamente hace que la audiencia se abra y se relaje. Tu audiencia es un espejo de quién proyectas ser.

3. Elementos adicionales que necesitas para transmitir un mensaje de alto impacto

Permíteme compartir contigo algunos elementos adicionales que puedes agregarle a tu presentación para darle ese "algo" adicional que necesita para pasar de buena a grandiosa.

Las habilidades en el estrado juegan un papel crucial para lograr que tu audiencia no sólo te ponga atención sino que se emocione y entusiasme con tu mensaje. El ritmo de tu presentación, la altura, el tono y volumen de tu voz e incluso tu variedad vocal juegan un papel importante para ayudarte a transmitirlo efectivamente. Estas herramientas ayudan a clarificar y apoyar tu mensaje, enfatizar tus ideas e incluso dramatizarlo. Mantener consistentemente un alto volumen y tono de voz fuerte hará que parezcas demasiado autoritario o agresivo, mientras que si hablas bajo y en tonos suaves durante todo el discurso, parecerás demasiado tímido y disminuirá tu credibilidad como orador, y la falta de variedad hará que suenes demasiado monótono.

La mejor y más efectiva ruta es que uses una amplia gama de alturas y tonos. Agregarle variedad a tu patrón vocal es una manera segura de obtener la atención de tu audiencia y reforzarles tus ideas principales. Además, un momento de silencio oportuno o una pausa pueden ayudarte a poner más énfasis a ciertas ideas, o en algunos casos, dramatiza tu mensaje con un poco de suspenso o anticipación. Algunos buenos usos de estas pausas implican hacerla después de contar un chiste para darle énfasis, y darle tiempo a tu audiencia para que deje de reírse. Otro buen uso de la pausa es justo después de que has sido presentado ante la audiencia, ya que les da tiempo para volverse a enfocar en la presentación.

Consejos prácticos en cuanto a la voz

Es muy importante que aprendas a modular tu voz, en otras palabras, aprende a subir o bajar el volumen, hacer énfasis en determinadas palabras y cambiar el ritmo de la presentación. Con esto lograrás captar la atención del público mucho más fácilmente.

Evita un tono de voz monótono y de bajo volumen, pues esto logrará que la audiencia se desconecte y pierda interés en la exposición de tu mensaje.

Cada vez que realices una afirmación (algo que crees con todo tu corazón), debes hablar con mucha determinación, con una voz firme, en voz alta y sin titubeos.

Con respecto a esto, y teniendo en cuenta el lugar donde das tu presentación, cuando hables en público debes hacer un esfuerzo por hablar alto, lo suficiente como para que te oigan claramente todos y cada uno de los oyentes.

Debido a los nervios, es muy frecuente hablar

demasiado rápido. Ten en cuenta este aspecto e intenta hablar de manera sosegada, sobre todo al comienzo del discurso.

Para que tu mensaje sea claramente entendido, es imprescindible hacer un esfuerzo en vocalizar correctamente.

No te olvides de hablar lento, pues también facilita enormemente la comprensión del mensaje, a la vez que proyecta en el oyente una imagen de seguridad.

Aparte de tu tono de voz, tu lenguaje corporal y tus gestos también son componentes importantes para transmitir un discurso más significativo y memorable, ya que le agrega más valoración. ¿Sabías que el cuerpo humano posee más de 700 músculos? Es triste saber que solamente un puñado de estos músculos es usado por la mayoría de los oradores actuales. Los disertantes tienden a enfocar más su atención en la búsqueda de las palabras perfectas y los puntos más preciados, olvidando que nuestros cuerpos hablan más fuerte que lo que pueden hacerlo las palabras. Cuando hablo de lenguaje corporal, no me refiero a usar los brazos y los dedos de una manera desenfrenada como anunciando la muerte a los pobres espectadores, o cambiar frenéticamente tus diapositivas de PowerPoint: me refiero a dejar que tu cuerpo se mueva naturalmente.

Si bien un buen mensaje es importante en una presentación, tu efectividad como orador es en realidad tu habilidad para invocar la atención, interés y emoción en tu audiencia por medio de la comunicación no verbal. Un mensaje maravilloso transmitido con un lenguaje corporal terrible no transmite tu punto de vista. ¿Por qué es esto? Porque tus oyentes no solamente te juzgan a ti y a tu mensaje basado en lo que escuchan, también toman en cuenta lo que ven.

Cuando hables frente a una audiencia puedes usar tu cuerpo como una herramienta muy útil para agregarle énfasis y claridad a tus palabras. También éste juega un papel muy importante en convencer a tu audiencia de tus sentimientos sinceros, tu deseo de educarlos o compartir con ellos, y tu entusiasmo con respecto al tema que estás exponiendo. Sin importar el propósito de tu discurso, el exterior que proyectes debe ser apropiado y relevante con lo que digas.

Estas son algunas maneras en las que puedes incorporar un buen lenguaje corporal a tus presentaciones. En primer lugar, puedes comenzar manteniendo contacto visual con tu audiencia. No solamente tienes que pasar la mirada por toda la habitación, sino que debes de tratar de enfocar la vista en miembros individuales de la audiencia. Notarás que puedes crear un lazo con ellos simplemente con mirarlos directamente a los ojos durante tres a cinco segundos. Al hacer contacto visual logras que cada persona en la audiencia se sienta involucrada y conectada contigo.

En segundo lugar, cuando estés en la sesión de práctica del discurso frente a tus amigos, pídele a una persona que se fije en los gestos que hagas y que ocasionen distracciones tales como moverte constantemente, tics nerviosos, morderte el labio, acomodar tu camisa o tocar constantemente las teclas de tu laptop. Todos estos rasgos distraen la atención de tu audiencia sobre el punto principal y la enfoca en el nerviosismo y el temor que estás demostrando. Inmediatamente te desacreditan de cualquier autoridad que tengas sobre lo que estás hablando. Automáticamente te ves inseguro y disminuye la cantidad de confianza que la audiencia tenga sobre tu mensaje. Descubre estos gestos particulares para poder evitarlos y así lograr que tus nervios no te traicionen.

En tercer lugar, deja que tu cuerpo se mueva naturalmente entre un punto del escenario o plataforma hacia otro. Un buen ejemplo es caminar hacia el otro lado del escenario cuando pasas al siguiente punto, o moverte hacia la audiencia cuando haces una pregunta. Estos movimientos sutiles le ayudan a tu audiencia a visualizar subconscientemente tu transición de un punto hacia otro y ayuda a enfatizar ciertos temas.

Por último, recuerda sonreír y expresar tus emociones con todo tu rostro. Una sonrisa puede lograr que la audiencia se abra hacia ti. Habiendo dicho esto, sonreír constantemente durante todo el discurso solamente logra que parezcas clínicamente loco. Una variedad de expresiones faciales que son relevantes con lo que estás hablando en ese momento puede ayudarte a recalcar tu mensaje. La sorpresa, la curiosidad, la tristeza o el enojo son solamente un puñado de emociones que puedes usar cuando le cuentas a la audiencia una historia para que la puedan visualizar adecuadamente.

Consejos prácticos en cuanto al lenguaje corporal

Recuerda que el lenguaje corporal es todo aquel conjunto de gestos, movimientos y actitudes que realizas consciente o inconscientemente cuando te comunicas.

Por medio del lenguaje corporal transmites varios mensajes, como pueden ser la timidez, los nervios, la confianza, la inseguridad, el entusiasmo, la duda, etc.

Tu audiencia siempre captará el conjunto de gestos cuando te pares en el escenario.

Por esta razón, desde el primer momento en que empiezas tu exposición debes utilizar el lenguaje corporal positivamente. Aprende a transmitir espontaneidad y serenidad, evitando aquellos gestos, movimientos y actitudes que resulten exagerados.

Es muy conveniente que no te quedes quieto en el mismo lugar, sino que puedas moverte a tus anchas. Esto romperá la monotonía y ayudará a captar la atención del oyente.

Mantén una postura cómoda y natural, pero al mismo tiempo erguida y no forzada.

No te olvides de establecer contacto visual con el auditorio desde el primer instante.

Recuerda que los gestos relajados de tu rostro ayudarán notablemente a atraer la atención del público que te escucha. Una sonrisa agradable nunca está de más y siempre tiene un muy buen efecto.

Cuida muy bien los movimientos de tus manos, que éstos no sean completamente inmóviles pero que tampoco estén en constante movimiento.

En resumen, las habilidades sobre el estrado y el uso efectivo del lenguaje corporal pueden ayudarte a recalcar tu mensaje y realizar una excelente presentación. ¿Las claves para usarlas sabiamente? Variedad y relevancia. Siempre varía tu tono de voz como así también tus movimientos corporales, y siempre úsalos con relevancia sobre lo que estés diciendo en ese momento.

Una de las estadísticas citadas con mayor frecuencia en la comunicación no verbal es que el 93% de toda la comunicación diaria es no verbal. Revistas de divulgación científica, estudiantes y medios de comunicación con frecuencia citan este número específico.

Pero, ¿dónde proviene ese porcentaje? El doctor Albert Mehrabian, nacido en el año 1939 en una familia armenia en Irán y actualmente profesor emérito de Psicología de la UCLA, menciona en su libro "Silent Messages" (Wadsworth Publishing Company, julio de 1972) que llevó a cabo varios estudios sobre la comunicación no verbal. Él encontró que 7% de cualquier mensaje se transmite a través de las palabras, el 38% a través de ciertos elementos vocales, y el 55% restante a través de elementos no verbales como pueden ser las expresiones faciales, los gestos, la postura, etc. Por eso es que si uno resta el 7% perteneciente al contenido vocal se dice que el 93% de la comunicación es no verbal.

Sin embargo, el estudio de la conducta humana es una tarea difícil. Los defectos inherentes de la metodología de la investigación científico-social combinados con la naturaleza dinámica increíble de la conducta humana hacen que la estadística sea casi imposible.

El hecho del asunto es que el número exacto es irrelevante. Sabiendo que la comunicación es no verbal entre un 75 y un 90% concretamente no tiene aplicaciones prácticas. Lo que debemos rescatar es que la mayoría de la comunicación es no verbal. De hecho, el comportamiento no verbal es el aspecto más crucial de la comunicación.

Por lo tanto, un orador que se concentra únicamente en el contenido de su discurso está desperdiciando entre un 75 y un 90% de los recursos totales con los que dispone para comunicarse.

CAPÍTULO 5:
Maneras para ayudarte a lidiar con una audiencia que no conoces y cómo conectarte con ella

Ahora que ya hemos cubierto la preparación de tu presentación, la hemos personalizado y dejado extraordinaria, podemos pasar a algo más avanzado. En esta sesión hablaremos acerca de maneras para ayudarte a lidiar con una audiencia que no conoces y cómo conectarte con ella. Además también cubriremos la importante y frecuentemente temida sesión de preguntas y respuestas que normalmente sigue a una presentación.

1. Estudia a la audiencia

Otra parte esencial de una presentación grandiosa es la interacción con la audiencia. La parte final de cualquier presentación – preguntas y respuestas de la audiencia – puede ayudarte a construir la confianza y además establecer tu credibilidad como un experto en la materia. El asunto es que sobre esta parte de la presentación prácticamente no tienes control, por lo tanto el primer paso para tener éxito en esta área es conocer mejor a tu audiencia.

Antes de tu presentación tienes que realizar un pequeño estudio de tus oyentes. Existen varias maneras en que lo puedes hacer y estos métodos son completamente dependientes de la naturaleza de tu presentación. Si eres uno de los varios oradores que van a presentarse frente a muchas personas, puedes tomarte unos cuantos minutos para mezclarte con la audiencia antes de tu discurso. Habla con ellos, fíjate alrededor para descifrar el promedio de edad, cerciórate de que tus referencias culturales sean relevantes y rápidamente analiza sus carreras y etapas de la vida. Sin embargo, si vas a hablar frente a una junta directiva de una gran organización o varias organizaciones, puede que no tengas el lujo de mezclarte de manera casual antes de tu discurso. En este caso puedes realizar un estudio rápido de sus antecedentes específicos e investigar los perfiles de sus respectivas compañías. Si no puedes hacerlo, fácilmente puedes preguntarle al organizador por el perfil de la audiencia que se espera tener y trabajar a partir de este dato.

El por qué debes de pasar por todo este problema y por qué vale la pena hacerlo se resume en lo siguiente. Al estar al corriente de las características y demografía de las personas a las que les vas a hablar, podrás efectivamente preparar tu presentación y elegir tus puntos de apoyo, anécdotas o analogías para enfatizar correctamente lo que tienes que decir. Hablar frente a un grupo de estudiantes de 15 años, por ejemplo, es muy diferente a hablarle a un grupo de estudiantes de 19 años, así que imagínate cuánto mas si frente a ti se encuentra una audiencia de profesionales.

Te darás cuenta que hacer una investigación de la audiencia es especialmente importante cuando estás haciendo una presentación técnica. En situaciones como estas notarás que necesitas evaluar el nivel de conocimiento de tu audiencia antes de preparar tu presentación, de manera que no sea muy aburrida o complicada para ellos. Los grandes oradores entienden que los errores siempre se pueden superar con algún vínculo, y la información se comparte mucho mejor con algún tipo de conexión con la audiencia. Si tu audiencia está conectada contigo, estarás menos preocupado por olvidar algo, hacer una declaración incómoda o incluso lucir un poco desaliñado. Estarás menos ansioso acerca de cosas como "¿qué pasa si me resbalo?", "¿qué tal si el proyector se descompone y pierdo mi presentación?" o "¿y si me descompongo en el estrado?". Con una conexión entre orador y audiencia, automáticamente te preocuparás menos de estos errores, ya que los oyentes los pasarán fácilmente por alto.

2. La tan importante sesión de preguntas y respuestas

No es descabellado decir que la mayoría de los oradores se sienten al mismo tiempo sumamente aliviados como también preocupados cuando llegan a este punto de su discurso. Se sienten aliviados porque ya casi terminaron, pero también muy ansiosos por el tipo de preguntas que les harán. Si te encuentras en esta posición, recuerda mantener la calma y que la sesión está aún bajo tu control.

La regla general para lidiar con las preguntas es primero escucharlas, luego responderlas e inmediatamente después seguir rápidamente con tu agenda. Si necesitas un minuto para pensar y analizar la respuesta, repite la pregunta para el resto de la audiencia. Esto también le ayudará a todos los oyentes a tener conocimiento de a qué exactamente te estás refiriendo.

Primero, cuando decidas a cuál miembro de la

audiencia le vas a responder la pregunta, recuerda no señalarlo con tu dedo. En muchas culturas este gesto se percibe como muy grosero y considerablemente agresivo. En su lugar haz un gesto hacia ellos con la palma de tu mano hacia arriba, como si le estuvieras dando la bienvenida a alguien.

Cuando respondas la pregunta recuerda mantener contacto visual con la persona que hizo la pregunta. Dentro de lo posible es mejor darle una respuesta concisa y pasar a la siguiente pregunta. Mantén tu credibilidad ofreciendo hechos para apoyar tu respuesta y siempre se diplomático. Si te preguntan algo que no está relacionado con tu tema o está fuera del alcance de tus conocimientos, educadamente puedes explicar las razones por las que eliges no contestar la pregunta o incluso tocar ese asunto en tu sesión. Si te encuentras con una pregunta hecha con un tono agresivo o de discusión, mi recomendación es que la respondas rápida y brevemente, y luego sigas con la siguiente. Algunas personas intentarán atraparte en un debate que por lo general consume mucho tiempo y aburrirá al resto de la audiencia. Contesta de la mejor manera posible para evitar caer en un debate abierto con una persona que ha reformulado su pregunta.

También habrá momentos en que no te sientes seguro de la respuesta a la pregunta que te hacen. En verdad yo creo en ser honesto y decirle a esa persona que no estás seguro si la respuesta que le puedes brindar es correcta. Sin embargo puedes ir más allá y prometer reunir la información acerca de la respuesta para asegurarte y después respondérsela. Es importante que obtengas la información de contacto de esa persona por medio del organizador o de la propia persona que formuló la consulta y responderle luego. También puedes ofrecerles la pregunta a los demás miembros de la audiencia y ver cómo responden. En algunas ocasiones te encontrarás con que te reciben con un silencio en el momento en que abres la sesión de preguntas y respuestas. Muchos oradores inmediatamente terminan la sesión y salen del estrado. Personalmente pienso que si hay silencio significa que has perdido a la audiencia por completo o que tienes una audiencia realmente tímida. Si has hecho todo como se te ha indicado, la segunda opción es la más probable. Si te estás dirigiendo a una audiencia mayoritariamente asiática, es poco probable que seas bombardeado con preguntas. En este caso te recomiendo que no cierres la sesión y en cambio compartas las respuestas a las preguntas que se realizan más frecuentemente acerca del tema de tu presentación. De esta manera estarás cubriendo todas las bases y te aseguras de que le das algo adicional a la audiencia una vez que la presentación ha terminado.

3. Mantén interesada a la audiencia

Una de las claves para una presentación exitosa es la

participación de la audiencia. Al involucrar a la audiencia en la exposición les ayudas a enfocarse y a entender mejor el material que necesitas presentar, y por lo tanto los motivas a tomar acción inmediata con las ideas que compartiste luego de que la sesión haya finalizado. Si te preguntas por qué tienes que ir más allá para lograr que tu audiencia participe, logre recordar y aplicar lo que dijiste, déjame responderte. Tu papel como orador no es solamente el de transmitir un mensaje, sino también de facilitar la absorción y la aplicación de ese mensaje. Un orador exitoso realmente se preocupa por la audiencia.

Una de las maneras más rápidas y sencillas para estimular la participación de la audiencia es rompiendo el hielo al inicio de la sesión. Los rompe hielos son muy útiles en los seminarios largos, pero también puedes usarlos en las presentaciones más cortas para permitirle a tu audiencia moverse un poco antes de que comiences. Un buen rompe hielo es pedirle a los miembros de la audiencia que se levanten y se presenten a sí mismos al menos a dos personas que están a su alrededor, y que les digan algo corto acerca de ellos.

Si tienes tiempo y es un grupo grande, puedes dividir tu audiencia en grupos pequeños e involucrarlos en varias actividades. Para maximizar la participación de la audiencia, puedes pedirle a los grupos que elijan un líder o un representante para que comparta sus hallazgos y cuente acerca de sus pensamientos en común.

Durante las sesiones largas es fácil que la audiencia se adormezca o se ponga un tanto ansiosa. Lo que puedes hacer es comenzar tu sesión poniéndolos a hacer ejercicios de calentamiento. Pídeles que se pongan de pie, levanten sus brazos y los muevan, o incluso les puedes decir que se estiren. Otra manera peculiar de hacer que se involucren, interactúen y se mantengan despiertos es pedirles que se pongan de pie y le den un masaje en la espalda a la persona que tienen a su lado durante un minuto. También puedes poner música para que se levanten, se muevan, y disfruten del ritmo bailando un poco antes de comenzar.

Otra manera de conectarte con tu audiencia y hacer que interactúen contigo es lanzarles una pregunta al inicio de tu presentación. Una pregunta común pero inteligente es preguntarles qué esperan ganar con tu sesión o discurso, y al final de la sesión puedes revisar esos puntos con los miembros de la audiencia para mostrarles exactamente qué cubriste. Esta es una buena manera para permitirle a tu audiencia conectar los puntos por ellos mismos y buscar activamente en tu presentación por cosas claves que puedan llevarse con ellos.

En algunas ocasiones querrás obtener la opinión de tu audiencia. Déjame compartir contigo una sencilla y efectiva manera de hacerlo. Este método se llama "Cierre de Ben Franklin". Los únicos materiales que necesitas son una pizarra blanca (o rotafolio) y un marcador. Puedes comenzar dividiendo el papel a lo largo y marcando cada lado del papel – por ejemplo puede ser pros y contras. Luego le pides a la audiencia que diga respuestas e ideas mientras tú las escribes. Esto no solamente estimula sus cerebros cansados y los pone a pensar, también te brinda un momento para analizar rápidamente tu presentación, recuperarte y decidir cuáles son tus próximas acciones.

No es inusual estar frente a miembros de la audiencia incómodos y poco sociales. En las culturas más conservadoras la comunicación e interacción abierta y casual no es la norma. Para evitar los silencios incómodos y las miradas pétreas, puedes pre-seleccionar a un puñado de voluntarios. Esto les da tiempo para prepararse y llenar una sesión que de lo contrario sería demasiado silenciosa. En el caso de que no haya respuesta a tu pregunta, prepárate para responderla tú mismo. Sin embargo, es importante que no tomes como personal ese silencio. Todos los oradores han experimentado una audiencia seria o poco sociable en algún momento.

Una buena manera de alentar la interacción es por medio de los "sobornos". No me estoy refiriendo a los que son ilegales. Estoy hablando de los pequeños regalos "secretos" que les puedes dar a los miembros más audaces y atrevidos de tu audiencia para "recompensarlos" por su participación. Estos pueden ser bolígrafos personalizados, los cuales son muy baratos de producir, blocs de notas, carpetas e incluso llaveros.

Por último, pero no menos importante, tienes que recordar que el objetivo de la interacción y participación de la audiencia es para inspirarlos a que se sientan bien consigo mismos y motivarlos a que tomen acción. Recuerda que las personas actúan por sus propias razones, no las tuyas. Por lo tanto es importante que les proporciones un ambiente en el cual puedan actuar en respuesta a tu mensaje.

A continuación un resumen rápido de lo que hemos cubierto en este punto: usa rompe hielos en tu sesión, sugiere ejercicios de calentamiento o baile para mantener el ritmo y un flujo alto de energía, realiza preguntas para conocer a tu audiencia y saber qué quieren o esperan de tu presentación, ofrece regalos pequeños y baratos para ayudarlos a participar.

4. Cómo persuadir y captar la atención de tu público

Como orador, siempre debes intentar ganarte al público, independientemente de que este coincida o no con los argumentos que expones. Para lograr captar constantemente la atención del público debes tener en cuenta lo siguiente:

Al público se le gana con simpatía, respeto y amabilidad.

Es muy importante saludar al auditorio desde el primer instante, pues así se establece un contacto visual y se agradece a los oyentes su presencia de una forma sincera y amena.

Siempre muestra una imagen amable, tanto en tu lenguaje corporal como en el tono de tu voz.

Mira hacia el público. El contacto visual es imprescindible para mantener el hilo conductivo de la presentación.

Recuerda que muchas veces resulta agradable algunos toques de humor sano que ayuden a relajar la tensión, intensificar el interés y mantener la atención de los presentes.

Como lo vimos anteriormente, algo que quedará grabado en la memoria de los oyentes puede ser el darles la oportunidad de participar en la exposición.

Deberás estar atento a las reacciones de tu auditorio, detectando indicios de pérdidas de atención por parte de tu audiencia (gente mirando al reloj, hablando con un compañero, leyendo un folleto, etc.).

Si observas signos de desatención, es muy aconsejable que cambies el tono de la voz, que enfatices algún punto, comentes alguna anécdota curiosa, hagas algún chiste, pidas participar a la audiencia, etc.

En cuanto a la persuasión: Persuadir significa convencer a las personas usando argumentos. Para esto es necesario ser una persona moderada y estar calmado, coincidir en algunos puntos con ecuanimidad y desarrollar una explicación sólida de cada argumento expuesto. Aristóteles decía que la retórica es la facultad de determinar en un caso particular cuáles son los medios de persuasión de que se dispone.

Algunos recursos de la persuasión que puedes utilizar:

* Mostrar apasionamiento por el tema tratado.
* Sonreír siempre y ser agradable en el trato personal.
* Considerar con sumo interés y respeto las preguntas o intervenciones por parte de los oyentes.
* Transmitir valores positivos (honestidad, generosidad, felicidad, compañerismo, etc.).

He aquí algunos ejemplos de cómo puedes usar la persuasión en tus presentaciones. La persuasión es muy eficaz cuando se tratan temas relacionados con:

El dinero. Por ejemplo: "este nueva manera de hacer las cosas permitirá que la empresa ahorre XX cantidad de dólares…"

El tiempo. Por ejemplo: "Al implementar los cinco elementos de Lean Management nos permitirá reducir los tiempos de fabricación de cada unos de nuestros productos en aproximadamente un 25 por ciento."

El trabajo. Por ejemplo: "Hay un compromiso muy grande por parte de la junta ejecutiva para aumentar la productividad de todos nuestros trabajadores..."

La ciencia. En este punto cualquier argumento que articules apoyándote en principios científicos obtendrá muy poca oposición.

5. Cosas que tienes que preparar antes de tu presentación

Ahora que ya has cubierto lo básico de la preparación de un discurso, la personalización del mismo, tu energía vocal, habilidades de lenguaje corporal, investigación sobre la audiencia e interés e interacción de la audiencia, puedes pasar a la parte final de este libro: las cosas principales que necesitas tener listas antes de tu presentación. Estos son unos cuantos consejos rápidos que harán que tu presentación fluya gradualmente.

Primero, usa tarjetas de ayuda. Si no estás seguro de tu habilidad para memorizar un discurso completo, no te preocupes – en realidad nadie espera que lo hagas. Con papel puedes fácilmente hacer unas tarjetas de ayuda con los puntos básicos para que te ayuden durante la presentación. Muchos oradores públicos cometen el error de imprimir un ensayo completo en un montón de tarjetas. No caigas en esa trampa. ¿Recuerdas el bosquejo del discurso que hiciste al principio del proceso de preparación del discurso? Consigue ese bosquejo y escríbelo en un puñado de tarjetas. Escribe notas cortas y recordatorios en tus tarjetas como "Contar la historia divertida de la piscina" o "Mostrar el cuadro acerca de las diferencias de género" en lugar de escribir toda la historia. Las tarjetas de ayuda son unos elementos extremadamente útiles en cualquier presentación y como cualquier otro orador, no dudes en hacer uso correcto de ellas.

Ensaya tu apertura y tu cierre exhaustiva y constantemente. Ya lo dije antes, y lo repetiré de nuevo porque es muy importante – la introducción es lo más importante. Recuerda que los primeros minutos e incluso segundos de tu discurso determinan el humor y flujo del resto de tu presentación…e incluso determina la cantidad de concentración y atención brindada por parte de la audiencia.

No te excedas ensayando. Recuerda que es muy importante ser natural. Se nota cuando has ensayado demasiado, y no de una buena manera. A pesar de que la preparación es importante, necesitas asegurarte que tu presentación sea conversacional y natural, no memorizada. Ensaya el discurso completo la noche anterior a tu presentación y luego detente. Es suficiente.

Ponle cuidado a tus "esteee" o "amm" que dices cuando estas pensando con la boca abierta. Esto puede sonar tonto, pero en retrospectiva, no lo es. Puede que no te des cuenta de ellos, pero créeme: tu audiencia lo hará. Ponle atención a lo que dices y mantén esas palabras de relleno a un mínimo, cerrando la boca al pensar para que el sonido no te salga inconscientemente.

Monitorea a tu audiencia. En el momento en que sientas que los estás perdiendo y no le están poniendo atención a la presentación, ajusta tu discurso, improvisa y proyéctate con fuerza. En este punto de la presentación también puedes detenerte rápidamente y hacer que se levanten y se muevan un poco con un rápido ejercicio de calentamiento antes de repetir rápidamente tus puntos iniciales y pasar al siguiente.

Duerme bien la noche anterior. ¿Por qué digo esto y por qué es importante? Porque la falta de sueño da como resultado nervios de punta: y eso se nota en el escenario. Cuando no has descansado lo suficiente es más probable que sucumbas a los nervios, a los tartamudeos y a las manos temblorosas, y todo esto no solamente daña tu presentación sino tu credibilidad. Evita esto, y si no eres una persona que consume café, no trates de compensar la falta de sueño con una taza de esa bebida. Te darás cuenta que la cafeína no solamente te mantiene despierto, sino que te mantiene sobre estimulado y menos sereno.

Llega temprano el día de tu presentación. Hay muchos beneficios al llegar temprano. En primer lugar, no tendrás que entrar al lugar corriendo y saltar al estrado sin estar completamente preparado. El llegar temprano te permite repasar rápidamente en tu mente los puntos de tu presentación antes del discurso. También te presentas ante tu audiencia tranquilo, calmado y sereno, componentes importantes para transmitir confianza y credibilidad. Cuando no estás apresurado las probabilidades de que olvides las cosas son mucho menores. En segundo lugar, como dije antes, llegar temprano te permite mezclarte con tu audiencia y conocerlos mejor. Párate afuera mientras ellos se registran y conversa con ellos. Averigua acerca de sus metas, conoce los sueños que persiguen y aprende qué esperan obtener de tu sesión, o incluso por qué están asistiendo. Cosas sencillas como esta no solamente te ayudan a determinar el tono de tu presentación, sino que le permite a tu audiencia conectarse contigo y conocerte. De esta manera sabes que tienes amigos en la audiencia y sentirás menos temor y nerviosismo.

Por último, pero lo más importante, diviértete. Puede que suene imposible, pero hay neuronas en tu cerebro llamadas "neuronas espejo". Al igual que su nombre, reflejan las acciones de la persona ante ti. Si tu energía es alta y tu tono es optimista, tu audiencia reflejará exactamente lo mismo. Por el contrario, si tu energía es baja y tu tono de voz monótono, ellos reflejarán el aburrimiento. Necesitas disfrutar lo que estás hablando, e inyectar pasión y entusiasmo en tu presentación. En otras palabras: necesitas divertirte al hacerlo.

Conclusión

Hemos visto muchísimas cosas a lo largo de este libro. Algunas tal vez te hayan parecido sin importancia o muy triviales, pero la práctica de todas ellas mejorará tu discurso en gran manera. Espero que este libro te sirva como punto de partida para convertirte en un experto en el arte de hablar bien en público.

Ahora ya sabes cómo empezar con la preparación de tu discurso, tienes las herramientas para superar el pánico escénico y sabes cómo identificar las técnicas adecuadas para organizarlo correctamente.

Un último consejo que me gustaría darte es que veas la película "El discurso del rey", la cual trata sobre el rey Jorge IV, quien padecía tartamudez y busca ayuda con un fonoaudiólogo. Verás un caso de la vida real y cómo esta persona pudo vencer el pánico escénico para brindar discursos que han quedado en la historia.

Siempre recuerda que hablar bien en público es una habilidad adquirida a través del trabajo arduo, la disciplina y la preparación. El estar bien preparado para hablar en público no es diferente a cualquier otro desafío que podrías enfrentar en la vida o en tu carrera profesional.

Te he dado las herramientas que necesitas para hacer de tu discurso una presentación clara, eficaz y memorable. Ahora depende de ti el estudiar estas técnicas, elaborar un brillante discurso, practicarlo y luego expresarlo con pasión a tus compañeros de trabajo, familiares o amigos.

Libro Gratis

Como lo mencioné anteriormente, podrás descargar este libro complementario, el cual contiene algunos discursos que han hecho historia, esperando que te sirvan de ánimo e inspiración.

Descárgalo desde Editorialimagen.com – Puedes ingresar al sitio y buscar "Selección de Discursos Históricos" o escribir este link en tu navegador:

http://editorialimagen.com/dd-product/seleccion-de-discursos-historicos/

Estimado Lector

Nos interesa mucho sus comentarios y opiniones sobre esta obra. Por favor ayúdenos comentando sobre este libro. Puede hacerlo dejando una reseña en la tienda donde lo ha adquirido.

Puede también escribirnos por correo electrónico a la dirección info@editorialimagen.com

Si desea más libros como éste puedes visitar el sitio de **Editorialimagen.com** para ver los nuevos títulos disponibles y aprovechar los descuentos y precios especiales que publicamos cada semana.

Allí mismo puede contactarnos directamente si tiene dudas, preguntas o cualquier sugerencia. ¡Esperamos saber de usted!

Más libros de interés

Cómo influir en las personas - Aprende a ejercer la influencia en los demás para mejorar tus relaciones interpersonales

Aprende cómo ejercer una influencia dominante sobre los demás. Un manuscrito descubierto recientemente enseña técnicas de control mental novedosas, provenientes de un estadista oriental antiguo.

El Secreto de los Nuevos Ricos - Descubre cómo piensan las mentes millonarias del nuevo siglo

La mayoría de la población tiene una relación de amor/odio con las riquezas. Resienten a aquellos que las poseen pero pasan todas sus vidas tratando de conseguirlas para sí mismos.

La razón por la cual la mayoría de los individuos nunca acumula ahorros sustanciales es porque no comprenden la naturaleza del dinero o de cómo funciona.

Cómo Desarrollar una Personalidad Dinámica - Descubre cómo lograr un cambio positivo en ti mismo para asegurarte el éxito

Descubre cómo lograr un cambio positivo en ti mismo para asegurarte el éxito La actitud correcta no sólo define quién eres, sino también tu enfoque y el éxito que puedas llegar a alcanzar en la vida. En este libro aprenderás los secretos de las personas altamente efectivas en su negocio, cómo desarrollar una actitud positiva para tu vida familiar y tu profesión, cualquiera que esta sea.

El Arte De Resolver Problemas - Cómo Prepararse Mentalmente Para Lidiar Con Los Obstáculos Cotidianos

Todos tenemos problemas, todos los días, desde una pinchadura de llanta, pasando por una computadora que no enciende a la mañana o las bajas calificaciones de un hijo en el colegio. Usted es un solucionador de problemas y probablemente ni siquiera se ha dado cuenta. Sin embargo, debe prestar atención a sus capacidades para ser cada vez más y más efectivo.

Cómo multiplicar tu dinero y alcanzar la prosperidad - Descubre cómo se relaciona la gente con el dinero y supera las creencias limitadas que te impiden generar riqueza

Si no te puedes imaginar que sea posible ganar 10 veces más que tu ingreso actual, entonces ya te has puesto en tu cabeza un límite financiero. Si no puedes imaginarte que eres capaz de conseguir un ascenso, entonces ya has creado en tu cabeza un límite para tu carrera. Y podemos continuar. Con el tiempo has incorporado en tu mente una serie de límites y creencias.

Cómo Utilizar Las Palabras Para Vender - Descubre el poder de la persuasión aplicado a las ventas online

¿Por qué tu competencia vende el triple si ofrece el mismo producto que tú ofreces, en las mismas condiciones y al mismo precio? ¡Tal Vez No Estés Utilizando Las Palabras Adecuadas! Una de las más poderosas herramientas de su arsenal de ventas es la elección correcta de las palabras, las frases y la terminología. El poder de las palabras es inconmensurable.

www.ingramcontent.com/pod-product-compliance
Ingram Content Group UK Ltd.
Pitfield, Milton Keynes, MK11 3LW, UK
UKHW022224230426
12048UKWH00016BA/1051